在
向太陽奔跑

目錄

隨筆卷

詩歌卷

隨筆卷

沿著智慧之路昂首闊步前進。

女人的獨立性

女人應該在自己獨立的基礎上去開導男人，以此讓他們看穿「女人的本來面目」，這是一種進步，卻也是歐洲最廣泛化最低劣的進步。因為，必須要把那些白痴的女人科學和自我剖析的圖謀，通通暴露在光天化日之下！由於害羞的原因，女人可以編織很多藉口；在女人身上，遍是不切實際、淺薄無知、平庸俗氣、瑣屑驕矜、放肆無禮、輕浮的特徵，人們研究最多的只是女人和兒童之間的關係。截至目前，究其根本，女人是因為害怕男人，導致被趕回家門，更被套上工作的籠頭。命真苦！——假如女人有膽子將「身上的永恆無聊」表露出來；假如女人將自己的智慧和技巧——即嫵媚、遊樂、寬心、快樂、輕浮等荒廢；如果女人毫無原則地把自己對愜意欲望的伶俐雅緻置之不理，如今，女人們扯開了嗓門，在神聖的阿里斯托芬那裡恐嚇於人！這讓醫生覺得她們是病態的人。但就算這樣，女人不就是想從男人那裡得到些東西。不過女人就要為此研究科學，成為科學界的人了，這難道不是以最惡劣的審美角度為出發點的嗎？慶幸的是，對於男人的東西、本事已經解釋得很清楚，因而，人們便「不用對別人說了」。

最後，人們就能夠對所有女人任意談論「女人」的任何東西了，並且還保有一種善意的懷疑——女人應不應該解釋自身呢？答案是肯定的……要是一個女人並沒有為此對自己精心裝扮，顯而易見，我認為，女人永遠有打扮自己的本能，不是嗎？那麼，這麼說，女人就是想激起對自己的恐懼——說不定女人就是要成為主宰，因而達到自己的統治目的。但是，真理並不是女人的目標，他們之間毫無瓜葛！一開始，世界上任何東西都不會使女人感到比真理更加陌生、更矛盾、更敵意重重，而女人最偉大的技藝是欺騙，最大的本事則是肉體和美貌。

我們必須得承認，男人們：我們對這種技藝和擁有這種本事的女人十分敬重和喜愛，因為，我們就是為女人而感到困惑的男人，我們喜歡與輕鬆相伴，所以，我們這種困惑和深沉好像是一種白痴行徑。最後，我想問一個問題：會不會有一天，女人自動認識到自己腦中本有深沉以及心中自有正義？大致說來，「截至目前，女人最多只是自取其辱，但是她們又根本承認，這難道不是事實嗎？」——男人的想法是，女人不要因為啟蒙而不斷地丟臉，這與照顧男人和關懷女人是一樣的。當教會頒布命令時，女人在教會事務中一定要保持沉默！拿破崙曾經心悅誠服地向斯塔爾夫人說：女人應該在政治事務中保持沉默，這大概是為了更好地利用女人——我認為，身為正派女人的朋友，今天拿破崙要向女人高呼：和自己有關的事女人都該保持沉默！

軟弱的種屬，除了在我們這個時代，大概不會再有受到男人的禮遇的其他時代——這是民主主義嗜好和審美的特徵之一，就像對老人的不恭敬。可是這種禮遇馬上被濫用到各個領域，這有什麼可詫異的呢？人們要讓自己越來越豐富，越豐富越好，同時人們還在學習如何提出要求，但是最終，人們發現這種禮遇的關鍵之處好像發生了病變。於是，人們寧願選擇為了權利而廝殺，因為，這本來就是抗爭。夠了！女人已經完全把羞恥之心置之度外。要是我們迅速靠向女人，那麼女人的審美也會消失殆盡。雖然女人已經忘記了對男人的恐懼，但是，這種「忘記恐懼的」女人，她最能體現女性特徵的本能也隨之同歸於盡。如果說，男人不在自我評價中變成熟，那麼女人就會大膽地出來鬧事。

確實如此，這理解起來也不難，但是這樣一來，讓人難以理解的卻是女人在蛻變。到了現在，這樣的事情真的發生了。但是我們千萬不要上當！所有被工業精神戰勝了的地方——軍事和貴族精神已經一敗塗地，為了成為工人，女人此刻正在所需的經濟和法律上的獨立奮鬥著；因為身為工人的女人，必須站在逐漸形成的現代社會的入口。所以，如果女人霸占了新的權力，爭取成為它的「主人」，並且在她們的旗幟上寫下女人和進步，這便以令人瞠目結舌的明確性實現了倒行逆施，這是因為，女人殺回來了。自法國大革命以來，隨著女人們在權力和要求上的與日俱增，女人對歐洲的影響力逐漸渺小了。但是「女性解放」，由於它是女人自身——不只是由於男性的愚蠢——所需要和支持的，所以在女性本能日益增加的弱化和鈍化過程中，它就成了最能體現這種變化的奇特象徵。在這場解放運動中，它也表示了「愚蠢」，而且還是一種類似於陽性的愚蠢。

一個受過良好教育——並且聰明的女人——應該一點也不會為此羞愧。人們有種最基本的在土地上能夠穩操勝券的嗅覺，這種女人已經喪失了；對原生技藝的練習也逐漸鬆懈；人們還不許她們走在男人的前面，甚至希望她們可以「進入書裡」。在那裡，人們可以使自己進入到一種有修養、優雅、狡獪、恭敬、屈從的氛圍；男人有一種信仰，即在女人面前表現成隱蔽，本質與理想不符，這應以無恥的道德加以抑制；對某種具有永恆性和必然性的女性，也會加以信仰；女人可以一字一句、沒完沒了地勸說男人，但男人對待女人，卻應該像對待溫柔馴服、野性桀驁、好玩有趣的寵物似的，擁有她、照顧她、關懷她、珍愛她；動作笨拙緩慢地，怒氣沖沖地，蒐集努力制度和農奴制度。到目前為止，這是女人在社會制度中天生的並實際擁有的東西，不過好像奴隸社會中就有兩種反證，沒有成為一種高級文化的條件，也沒有成為其提高的條件。

如果說這不是女性本能的破裂，也不是女性化，那麼這一切作何解釋？當然，男人這種有學問的笨驢，大多擁有十分荒唐、敗壞的女性友人，他們勸告女人，你們這麼非女性化，什麼行為愚蠢就去模仿什麼吧。另一方面，歐洲的「男人」，歐洲的「男人味」都得了這種病——他們想要把女人拖過去接受「普及教育」，或是直接拖過去讀報紙，讓他們成為政治化的女人。人們從女人中搜尋著，希望能出現自由主義者和文化人：好像不會有女人對既深邃又不信神的男人抱有虔誠之心，大概它並非某種完全的叛逆者或者可笑的東西。人們常常用最病態、最危險的音樂，敗壞自己的神經——是我們德意志最新式的音樂，並使這種音樂每天都為其最初以及最後的職業所生出的孩子瘋狂地不堪重負；人們甚至希望有更多的「練習」，並且正如人們所說，利用文化把「軟弱的種屬」強化，歷史好像正在被一群急於教導別人的人修習和弱化，也就是意志力的弱化、分解和生病，這些往往都是互相依附的。

世界上最有影響力的那些女性——當然，拿破崙的母親也在此列，她們最該感謝這種意志力——而不是教師！——使她們真正擁有了權力，以及凌駕於男人之上的優勢。在女人身上注入的那些尊敬，以及大量的令人恐懼的東西，就是女人的天性，比男人的更加「自然」的天性。女人具有隨機應變的特長，這種特長純粹、凶狠、狡猾、陰險，而且她們手套下面竟然還隱藏著猛獸般的利爪；女人的天真都是自私的，不僅不該去教育，而且還捉摸不定，內在的狂野、欲望、美德、淫蕩……在這種無比恐懼的狀態下，面對這種美麗而陰險的「女人」所產生的同情，已經明確地把女人視為某種弱小的動物，因而展現出不能缺愛、不能受苦、嬌滴滴，但是這種同情注定是令人失望的。

到現在，男人們仍然以恐懼和同情對待女人，總是毫無理智地一腳踏進讓人痛徹心扉的悲劇中，因為他們認為悲劇可以使人興奮。這到底是怎麼了？這樣一來，女人應該是走到盡頭了啊？難道是女人的非魔術化在奏效？女人那種無聊化暴露出來了，對不對？啊，歐洲，歐洲啊！人們對這種長著角的動物並不陌生，因為對你而言，牠充滿了吸引力。但你沒有意識到長久以來牠帶給你的危險！對於那則古老的寓言來說，或許有一天真的會成為「史實」——到時候，說不定會有種又大又亂的愚蠢降臨到你的頭上，然後把你砸進土裡！在愚蠢之下，上帝定不藏身於此！這裡不存在上帝，只存在一種「觀念」，而且是一種現代的觀念！……

關於愛情與美德

通常，我們認為貪婪和愛情是兩個概念，其實，這兩者可能只是同一欲望的不同解釋而已。

一種解釋是，對於占有者而言，欲望已經靜止了，他們只會為「占有物」擔心；另一種解釋是，從貪婪者和渴望者的立場出發，所以把它美化為「好」。我們的博愛難道不是對新財富的一種渴望嗎？同樣地，我們對知識和真理的愛，以及對新事物的追求不也是這樣的嗎？

我們對舊事物和占有物漸感厭煩，於是便想再次出手去獲取新事物。就算所在的地方風景再美，住上三個月之後，我們就會發現自己不怎麼喜歡了，但是對於那些無論多遠的海岸來說，總會引起我們的貪欲和妄想。就是因為我們不斷占有，才讓能占有的東西愈見稀少。這種興趣導致我們自身發生變化，這變化又導致我們對自身產生興趣，只有這樣才叫占有。如果有一天我們不再喜歡占有物，自然也就開始討厭自己。（人們常常以「愛」之名去拋棄或「分享」占有物，其實是因為占有太多而產生了痛苦）我們樂於乘人之危，來攫取他占有的東西，這就像抱有慈善和同情的人的所作所為，而他依然將這種不斷占有新事物的欲望稱為「愛」，並且在快要到手的新占有中，獲得了快樂。

更多時候，愛情表現出來的是對占有的孜孜追求。戀愛中的男人總是想獨自並絕對地占有他所追求的女人，渴望擁有對她的靈魂和身體的絕對控制權，他希望獨享這份愛，並且要在女人的靈魂裡統治和駐紮。實際上，這表示他把所有人都擋在了美好、幸福與享樂之外。他就是要讓他的情敵變成窮光蛋，那樣一來自己就將獨占金庫，在所有「征服者」與剝削者之中，自己便是那最無所顧忌的、最自私的人，別人對他來說根本無所謂，他時刻準備著不惜一切代價破壞原有的秩序，而對別人的利益置若罔聞。想到這些，人們無不驚訝，對於這種瘋狂的性慾以及對財產的殘酷貪欲，長期以來被大肆美化、神化到這種程度了，以致人們對愛情形成了這樣一種概念：愛情與自私勢不兩立。而事實上恰恰相反，愛情就是自私的代名詞。顯而易見，在這裡，一無所有的人和渴望擁有的人對此有很多怨念；而那些被愛情眷顧並得以滿足的人，比如在所有雅典人中集萬千寵愛於一身的索福克勒斯，偶爾也會把愛情叫做「瘋狂的魔鬼」，而愛神厄洛斯卻總是將之嘲笑為：愛神一直以來最偉大的寵兒，如今偏偏褻瀆神靈的人。

其實，愛的延續存在於世界各處。在這種延續中，兩個人會把一種需求向另一種新的需求轉化，因而產生共同的、更高的目標，也就是更上層的偉大理想。可是，誰又真正熟悉、真正經歷過這種愛？準確地說，它應該叫友情。

再說說美德。一個人的美德被稱讚的原因，不在於這些美德影響了這個人，而在於這些美德影響了社會和大眾。古往今來，在稱讚美德的時候，人們基本沒有「無私」之心、「非自我本位」之心！似乎人們在潛意識裡偏要看到美德之人被美德（比如勤奮、服從、純樸、虔誠和公平等）所傷。人們既有強烈的美德的本能欲望，又受限於理性，其他本能欲望便不能與此平衡。假如你真正具備了某種完美的道德（不只是一種對道德的嚮往），那麼，你定然成為這種道德的祭品！但是，你最親密的人反而會因此讚賞你！人們在稱頌一個人的勤奮的同時，又會對這個人因為過度勤奮而在視力、思維及創意方面所受到的損害視而不見；一個「鞠躬盡瘁」的青年會得到敬重與惋惜，並獲得這樣的評價：「對整個社會而言，失去一個優秀的人不算什麼！因為犧牲在所難免，儘管覺得可惜，但更加值得可惜的是，個人的想法、甚至個人對自身的維持與發展與服務於社會的宗旨背道而馳！」人們對這個青年表示可惜，不是因為他本身，而是他的死會造成整個社會的巨大損失，社會也因此失去了一個既聽話又無私的名為「老實人」的工具。我們可能會想，如果他在忘我工作時能好好照顧自己，多活點歲數，會不會更有益於社會？

當然，人們早就認可了這個益處，但他們覺得有一個更高、更長遠的益處，那就是，雖然一個人犧牲了，但他勇於犧牲的精神卻永世長存！

可以說，美德有一種工具屬性，而讚美美德實際上就是在讚美工具屬性。因此，從一方面來說，美德中存在著一種本能欲望，它是不受個人整體優勢的控制的、非理性的、盲目的，正因為它的非理性，個體向整體的職能轉化才有了可能。簡單來說，讚美美德就是讚美其對個人的損害，也就是讚美那種剝奪了人最寶貴的自我本位和最大限度保護自己的力量的本能欲望。

想要讓人們都按照道德的要求去行事，就必須降低美德與個人利益結合起來的可能性。而實際上已經有這樣的結合了！例如，雖然勤奮是一種美德，但是盲目的勤奮既會成為甘當工具之人的典型美德，也被當成一種追名逐利的途徑和解憂去欲的特效毒藥，然而，人們卻把勤奮所造成的極大危害祕而不宣。我們所說的對人的教育，實際上是試圖用利益去引誘他們，進而讓他們形成自我的思維和行為方式，當這種方式成了習慣，甚至是本能與熱情，那麼就必然會損害個人利益，而「有益於大眾」。我們經常看到因盲目的勤奮而名利雙收，但是與此同時個人肌體器官的靈敏卻也被奪走了；一方面人們享受到了它所帶來的名利，並且得到了抗禦無聊與情慾的手段，但同時感官也因此逐漸遲鈍，心靈也在面對新的刺激時失控。(在所有時代中我們這個時代最為忙碌，因為知道不會在現有的財富和勤奮上更進一步了，所以要想獲得更多的財富，只能靠加倍的努力；很多偉人都是事倍功半！後世子孫也肯定如此！)

成功的個人教育必將使個人的種種美德有益於大眾，但對個人的最高目標卻殊為不利，這樣就可能造成嚴重的後果——個人的精神困苦和早夭。讚美無私奉獻、行善積德的人，實際上就是讚美那種人，他們沒有將自己的力量與理性用在保存、發展、提升和促進自身上，也沒有以那些企圖擴張權勢，這種人從來都與世無爭，先人後己，但人們才是因為這種原因才讚美他們！「最親密的人」是先從讚美中得到了好處，所以才去無私地讚美！如果覺得自己「無私」，那麼對那些損害個人利益的傾向就應該努力阻止，更重要的是大聲宣布自己的無私；但是他並不大肆稱讚無私！這就說明了一個問題，即當下正受推崇的道德的矛盾：道德動機與原則互相對立！用以證明道德的東西反而受到了道德標準的反駁！

這句「你有犧牲自我成為犧牲品的勇氣」，應該讓甘願犧牲個人利益的人來說，就算這種「個人應作犧牲」的要求會讓自己毀滅，但為了不與他的道德標準相悖，他不得不如此。事實上，如果最親密的人或者社會為了大眾利益而過於讚美利他主義，這時，肯定會有人表示反對，他認為：「你應該在獲取自己利益時不傷害他人利益。」這麼看的話，「應該」也好，「不應該」也好，都是別人說的。

什麼是卑賤？

什麼是卑賤？詞語是觀念的表達符號；而觀念則是反覆出現、同時出現的感覺。我們想要達到相互理解的目的，光使用相同的詞語是不夠的，還必須使用相同的詞語來表達相同種類的內心體驗，最最根本的，我們在體驗上必須是一致的。基於這個原因，就算不同民族的人使用相同的語言，民族內部也要比不同民族之間更能夠相互理解；或者更準確地說，若人們長期一起生活在相同的（氣候、土壤、險境、需求、辛苦等）條件下，一個能夠「自我理解」的實體便應運而生——即，一個民族。在一切靈魂中，數目相同並屢次出現的體驗已將較少出現的體驗壓倒，於是，人們能迅速地相互理解這種體驗——語言的歷史就是一種縮寫過程的歷史。

靠著這種迅速的理解，人們越發緊密地結合在一起。危險越大，就越需要更快更暢通地在關鍵事務上統一意見；身處危險之中的人不互相誤解——這是交往過程中必不可少的。而且，在一切愛和友誼中，人們體驗到，當使用相同詞語的雙方之一，發現在感情、思想、直覺、願望或恐懼上與另一方不同，那麼，愛和友誼也就沒了。（對「永恆誤解」的恐懼，正是這一守護神常常阻止異性過於匆忙地彼此依附，儘管感官和心靈促使他們彼此依附——並非某種叔本華式的「人類守護神」！）在靈魂中覺醒得最快，並開始講話和下命令的那一類感情，決定了價值的基本等級次序，並最終決定想要東西的清單。對價值的看法，某種程度上會暴露該人的靈魂結構，其生活狀況和內在需要也會因此顯現。如果因為命運安排，所有時代召集到一起的，只是能用相同符號表達需要和相同體驗的人，那麼總的結果便是，人們便可以輕而易舉地傳播其需求，這最終說明人們僅具備普通的和共同的體驗，迄今為止，所有作用於人類的力量中，這肯定是最強大的一種。比較相同的、普通的人，向來是占有優勢的；比較傑出的、高雅的、獨特的和難於理解的人，卻通常煢煢孑立；他們總是在寂寞中因偶然而死，少有能繁衍生息的。必須在相反的巨大力量上借力，才能將這種自然的、太自然的同化眾生的進程阻止，在這一進程中，人會演化成面目雷同的、普通的、平庸的、喜歡群居的人——演化成卑賤的人！

假象如何變成真實

假象如何變成真實。即使演員身處極度的痛苦之中，也不會對他的角色給人的印象和總體戲劇效果最終停止思考，比如，甚至他參加自己孩子的葬禮，也要讓自己成為自己的觀眾，並為自己的痛苦和表演而哭泣。偽君子總是扮演同一角色的話，最終就不再是偽君子；就像神甫，年輕時總是有意無意的是偽君子，但到最後他們變得自然了，就真的是神甫了，毫無裝腔作勢；或者如果父輩沒有過於遠離，那麼利用了父輩優勢的子輩也許就繼承了父輩的習慣。

假如一個人長期地、固執地想讓自己看起來像某一類人，那他就很難是另一類人。幾乎每個人的職業，甚至包括藝術家，都是始於偽善、表面模仿、複製有用的東西。經常把友善表情這一面具戴在臉上的人，最終會獲得一種支配權來支配友善情緒，沒有這種情緒，就不能表現出友情，要是最後這種情緒又支配了他，那他就是友善的了。

出於虛榮的天才迷信

出於虛榮的天才迷信。雖然我們自以為是，但也不認為我們能畫出一幅拉斐爾（Raphael）畫作一般的草圖，或者構思出一齣莎士比亞式的戲劇，所以我們自嘲說，這樣的能力是登峰造極的、非同尋常的，是極為少見的偶然現象，或者如果我們還有宗教感情的話，認為這是天賜的恩典。所以我們的虛榮和自愛促進了天才迷信：因為只有當人們認為天才遙不可及並視為奇蹟的時候，他才不會於人有害（即便是歌德這個毫無嫉妒之心的人，也把莎士比亞稱作他最遙遠的高度上的星星。在這裡，不妨回想那句詩：「人們並未渴求星星。」）

但是，如果我們不去理會虛榮心的暗示，天才的活動似乎與機器發明家、天文學家或歷史學家、戰術大師等的活動絕對沒有本質區別。如果人們想像有這樣一些人：他們的思想朝一個方向活動，把一切都用作資料，始終充滿妒忌地觀察他們自己的和別人的內心生活，到處都發現榜樣和啟發，從來都不倦於將他們可以應用的手段組合起來，那麼，上述所有活動就都可以解釋清楚了。天才所做的也不過是學著先奠基，再建築，不過是無時不尋找材料，無時不思考著加工。不只是天才的活動，人的每一項活動都複雜得令人吃驚，但是沒有一種是「奇蹟」。——只是在藝術家、演講家、哲學家之中有天才，只有他們有「直覺」，這種信念是靠什麼產生的呢？（「直覺」好像成了他們的一種奇蹟般的眼鏡，他們可以藉此直接看透「事物的本質」！）

顯而易見，人們只在這種場合談論天才：巨大的智力效果讓他們極為愉快，使得他們沒有嫉妒的意願了。將某人稱為「神聖」意味著：「我們無須在這裡競爭。」於是，一切已經就緒的、完成的就引人驚嘆，一切製造中的便遭低估。現在沒有人能在藝術家的作品中看到它是如何製成的;這是它的過人之處,因為只要看到製作的過程,人們的熱情便會被潑上冷水。完美的表演藝術拒絕對其排練過程的任何考察;而作為當下已經完成的完美作品產生強烈效果。因此表演藝術家尤其被視為天才,而不是科學家。實際上,高度讚揚前者和過於低估後者只是理性的一種兒戲。

手藝的嚴肅性

手藝的嚴肅性。——而不說天才、天生的才能吧!有許多天賦有限的人值得一提,他們透過某些特質而獲得偉大,變成了「天才」(就像人們所說的那樣),關於這些素養的缺少,大家心裡都清楚但又沒人說出來:他們都有那種能幹的工匠的嚴肅精神,這種工匠先學可如何完美地建造局部,然後才敢建造一個大的整體;他們捨得為此花費時間,因為他們對於精細雕刻的興趣,要比對於輝煌整體的興趣更大。

例如，很容易開出一個如何讓人成為出色小說家的處方，但是實行起來卻要提前具備某些素養，當人們說「我才能有限」時，往往漠視了這些素養。人們只要寫下很多份小說草稿，任何一份都不超過兩頁，但要寫得足夠簡潔，讓每個字都不可或缺；應該每天寫下趣聞逸事，直到學會如何給它們以最言簡意賅、最富感染力的形式；應該不知疲倦地收集和描繪人的類型和性格；尤其應該抓住一切機會對人述說，以及注意觀察並傾聽在場者的反應；應該像一個風景畫家和服裝設計師那樣旅行；應該從各個學科中摘要出一切在描繪出色時就會產生藝術效果的東西；最後，人們應該反省人類行為的動機，不摒棄有關教導性的指點，日日夜夜地做一個對有關問題的收集者。不妨在這方面的訓練中度過幾十年，然後，在這工廠裡製造出的東西就可以對外公布了。——但是，大多數人是怎麼做的呢？他們不是從局部，而是從整體開始。他們也許一度做得很好，引起了注意，從此就由於公正的、自然的原因而越做越糟糕。——有時候，理智和性格不足以制訂這樣一種藝術家的人生計畫，這時候命運和困苦就取而代之，引導未來的大師一步步完成他的手藝所要求的任何條件。

天才迷信的好處和害處

天才迷信的好處和害處。對於偉大、卓越、多產的才子的信仰，雖然未必，卻也常常與一種純粹宗教或半宗教的迷信相連；那種宗教迷信認為，這些才子是超人的源泉，擁有某種奇蹟般的能力，靠著這種能力，他們以迥異於常人的方式獲得知識。人們相信他們彷彿洞穿了現象的外衣，直視世界的本質，他們不用科學的艱辛與嚴格，就能夠由於這種神奇的先知般的眼光，傳達出關於人類與世界的最終的決定性的東西。只要知識領域中的奇蹟仍然有人相信，也許就可以認為，信徒本身便會從中獲得好處，他們只需要透過無條件地服從偉大的才子，便能為自己的才智適應發展時代謀得了最好的訓練和培養。然而有疑問的至少是，對天才及其特權和特殊能力的迷信，如果在他自己心裡已經根深蒂固，這種迷信對他本人是否有益。

如果一個人突然恐懼自己，不管是眾所周知的凱薩式恐懼，還是這裡提到的對自己才能的恐懼；假如天才的頭腦裡灌入本該只給神靈獻祭的祭品的香味，以至於他開始得意忘形，真以為自己高人一等，不管怎麼說，這對他而言都是可怕的。長此以往就會導致：沒有責任感，只有特權感，自認為自己出門可以讓一切轉危為安，若有人試圖拿他與人對比甚至低估，並且曝光他工作中的失誤，他就狂怒不已。由於他不再自我反省，他渾身羽毛中最漂亮的翎毛也一根根脫落了：那種宗教迷信從根本上挖走了他的力量，失去那種力量以後，他可能就被完全改造成了偽君子。從偉大的才子本身來說，如果他們對自己的力量及其來源一清二楚，換句話說，如果他們明白身上到底匯集了哪些真正的人類的特點，哪些只是外部的幸運條件，這說不定對他們更有幫助：首先是飽滿旺盛的精力，不達目的不罷休的堅定意志，巨大的個人勇氣，然後是能接受良好教育的幸運，以便早早地就能享有最好的教師、最好的榜樣以及最好的方法。當然，如果他們是想盡量達到造成轟動效果這一目的，那麼自作糊塗，裝瘋賣傻，就能發揮很大作用了；因為在任何時候，我們讚美和嫉妒的正是他們身上的那種力量，憑藉那種力量，他們使人類變得意志薄弱，幻想被超人的領導所指引。

相信某人擁有超人的力量，確實使人振奮、鼓舞：基於這個原因，柏拉圖說，瘋狂給人類以最大的祝福。——在極少數情況下，或許可以以這點瘋狂為手段，去把那種處處都很過分的天性牢牢抓住：甚至在個人生活中，有毒的狂想也經常有治療作用；可是到了最後，自認為身有神性的「天才」，他身上的毒性會隨著「天才」的變老逐漸顯露出來：拿破崙的天才大概還記著呢！正是因為他自信，自信自己是明星，才能成為天才，這種自信對人類產生的蔑視，凝聚成一種強有力的統一體，使他淩駕於現在所有人之上，最終，這種自信演變成近乎瘋狂的宿命論，讓他連敏銳而快速的洞察力都喪失了，結果導致了他的失敗。

由蛻化而變得高貴

由蛻化而變得高貴。——透過歷史可以得知，如果一個民族分支大部分人擁有習慣性的、不可置疑的同一準則，也因此由於其共同的信仰而擁有真正的公共意識，那麼它也就保持得最好。在這裡，優秀的民風加強了；在這裡，人們學會了服從，賦予性格以堅定，事後又詳加指點。基於目的相同又個性鮮明的人所建立的強大公共團體，面臨著由於遺傳而漸漸增加的愚昧的危險，這種愚昧將會如影隨形地緊跟著所有的穩定性。在這些公共團體中，精神上之所以有進步，就是靠著那些比較不太古板、不太可靠、不太道德的個人：恰恰是他們嘗試著新事物，以及更多的事物。成千上萬的這種人，由於自身的弱點一事無成地走向了毀滅；通常情況下，尤其是有了子嗣的時候，他們便會怠於工作，讓一個公共團體的穩定因素時不時地受到傷害。正是在這個受傷、虛弱之處，整個團體似乎接種到了什麼新東西；但是想要接受並吸收進入它血液中的新東西，這個團體的整體力量必須足夠強大。

任何應該實現進步的地方，蛻化的天性都有至高無上的意義。整體進化之前，必然有一次局部的虛弱。最強大的本能保留住一類人，次級本能則幫助這類人得到繼續教育。——個體上也會有類似的情況發生；但是蛻化、殘廢甚至罪惡是罕見的，通常情況下在其他方面也一無是處的身體或道德上的損害也是罕見的。例如，在一個好鬥的、不安分的部落中，可能重病之人會得到更多獨處的理由，因而變得更安靜、更聰明；獨眼人的眼將會更敏銳；盲人將會洞徹人心，而且在任何情況下都會聽得更真切。就這方面而言，我覺得對於一個人、一個種族的進化，似乎那著名的「適者生存論」不是唯一的解釋。

更應該說，必須有兩件事合而為一：首先是透過精神在信仰和公共感情中的內在連繫，實現穩定力量的增大；然後是透過天性蛻化所產生的穩定力量的衰減和受損，實現更高目標的可能；更自由而溫柔的本性中，正是比較虛弱的那部分，使所有的進化普遍成為可能。局部脆弱而整體強健的民族，能將注入的新事物吸收，並形成自己的優勢。在個體那裡，教育承擔著這種職責：使他變得非常堅定可靠，進而作為整體不再偏離軌道。但是這之後，教育者就不得不給他造成傷害，或者利用命運給他造成的傷害，而由此產生痛苦和需求時，就可以在傷處注入新而高貴的東西。他的整體天性將其融入自身，以後還會讓人在其果實中感覺到那種高貴。馬基維利（Niccolò di Bernardo dei Machiavelli）這麼定義國家：「政府在形式上的意義微不足道，雖然半吊子學者有點其他想法。持久是國家藝術的偉大目標，其重要性遠超其他，因為它遠比自由更有價值。」只有在最大持久性能夠得到可靠基礎、可靠保證的地方，持久發展和令人變得高貴的事物的注入，才普遍變得可能。當然，持久性的那些危險而權威的夥伴，基本都會對此表示反對。

前進

前進——那麼就沿著智慧之路，信心滿滿、昂首闊步地前進！無論你怎麼樣，都充當自己的經驗之源吧！摒棄對你自己本質的不快，原諒你自己的個人主義，因為在任何情況下，你身邊都有一個有一百根橫木的梯子，你可以用它攀向知識。你遺憾地感覺自己被扔到那個時代之中，它為你的幸運而慶幸；它對你大喊，要你分享經驗，那些後人也許必然缺乏的經驗。不要對曾經的宗教傾向心懷蔑視；要充分探索你曾經如何打開真正的藝術之門。難道你不會正好利用這些經驗，更加得心應手地走上前人走過的偉大路程嗎？正是在這讓你時而不快的土地上，在這思想蕪雜的土地上，結出了許多古文化的美妙果實，不是嗎？

人們一定是像愛母親和奶媽一樣愛宗教和藝術——否則人們就不會越來越聰明。但是你必須有超越他們的眼光，你必須能夠成長到不再需要它們的地步；如果你在它們魔力的影響停留，那麼你對它們就無從理解。同樣，你必須精通歷史，精通小心翼翼的天平秤盤遊戲：「這一方面——那一方面。」往回走吧，循著人類在過去的沙漠中痛苦的長途跋涉的足跡：於是你得到最確切的教訓，警告你以後的人，不能去向何處。而且你拚命想預見未來如何打結，如此一來，你的生活便因獲得了一種知識工具和知識方法而有了價值。你必須有權讓你所經歷的一切嘗試、迷途、錯誤、迷惑、痛苦、愛和希望——完全融入你的目標。這個目標就是你自己成為一根必然的由文化環節組成的鏈條，然後從這個必然性推斷出一般文化過程中的必然性。如果你的視力變得足夠強，能看到你的存在和知識的幽暗井底，那麼你也會在井內的倒影中看見未來文化的遙遠星辰。你覺得抱著這種目標生活太艱難、太難受嗎？所以你還不了解，沒有一種蜂蜜能比知識的蜂蜜更甜，傷心的雲朵罩在你的頭頂，必然充當你從中擠出令你精神愉悅的乳汁的乳房。當你老了，你才真正注意到你如何傾聽自然的聲音，那種以快樂來統治整個世界的自然：在老年時達到其頂峰的同一種生活，在智慧中，在那種持久的、令精神快樂的、溫和陽光中也達到了其頂峰；老年和智慧，會在你生活的山脊上相遇，自然的要求也是如此。然後到時間了，你也不該為死亡之霧的來臨而生氣。面朝光明——你最後的動作，為知識歡呼——你最後的聲音。

關於朋友

你自己想想，感覺多麼豐富多彩；人和人之間再怎麼親密，也會有各自不同的意見；就算看法一樣，它在你朋友和你腦袋裡的地位和強烈程度也不一樣；誤會和裂痕的起因也是成千上萬。在這一切之後，你會對自己說：我們賴以建立友誼和聯盟的基礎多不可靠，冷風驟雨的惡劣天氣多麼近在咫尺，每一個人是多麼孤獨！如果一個人看清這一切，同時也看清同伴的所有看法、方式和強度，如同他們的行為，是必然且不負責任的；如果他從緊密交織的性格、職業、才能、環境等因素中，獲得辨別各種看法的內因的能力——將擺脫聰明人大喊「朋友啊，沒有朋友！」時所懷有的那種尖酸情感的苦澀。更確切地說，他將對自己承認：朋友確實有，但卻是錯的，你因為錯覺而將他們引來；他們為了繼續與你為友，便學會了保持沉默；因為這種人際關係的依據幾乎始終如此：人們不會說某些事，甚至對它們絕口不提；但是一旦這些事情開始發生，友誼也就隨之毀滅。

如果人們知道他們最知心的朋友把自己了解到了什麼程度，會不會受到致命的傷害？——透過自我認知，並把我們的存在本身看作一個變化著的觀點和情緒的領域，因而學會一點藐視，這樣我們就重新平衡了自己和他人。對於我們的任何一個熟人，我們都可以看輕，不管他是否偉大；我們都有理由將這種感情轉向自己。——所以我們要互相忍受，因為我們事實上忍受了自己；也許更快樂的時刻有一天會來到每個人的面前，這時候：

「朋友啊，沒有朋友！」瀕死的智者這麼喊著；

「敵人啊，沒有敵人！」我這活著的蠢貨這麼喊著。

請求發言

請求發言。——現在所有的政黨都有一些共同特點：故意蠱惑人心和影響大眾。正因為上述種種故意的行為，它們的原則就成了奇蠢無比的事，它們的蠢樣還被這樣畫到了牆上。在這事情上已經毫無改變的餘地，連豎起一根手指都多餘；伏爾泰曾就這個問題，說過一句恰當的話：如果庸眾也參與理性思考，那麼一切就都完了。隨著這種情況的產生，人們必須與新條件相適應，就像與地震移動了大地外形的界線和輪廓，改變了財產的價值以後的情況相適應一樣。此外：如果所有政治的目的，就是為了讓盡量多的人可以忍受生活，那麼這盡量多的人至少也能決定，他們對於所忍受的生活作何理解；如果他們靠著自己的理智，來找到實現這一目標的正確方法，對此懷疑又有何裨益？他們想乾脆地為自己鍛造出幸運和不幸。（此話出自一句德國格言：「每個人都鍛造了他自己的幸運。」）

如果這種自主的感覺，這種從頭腦裡蘊藏和發掘出的幾個概念所產生的自豪，已經在現實上改善了他們的生活，使得他們願意承受有限的致命後果的話，那麼就無話可說了，這種有限有一個前提，即，不去要求一切都變成政治，也不去要求每個人都按照這樣的標準來生活和工作。因為首先，比任何時候都更多的一些人必然可以放棄政治，去休息一番：對自主的興趣也驅使他們這樣去做；而且如果人數太多，或者直截了當點，說話的人太多，那麼保持沉默大概算是一種小小的自豪了。其次，如果這些少數人並不看重多數人（應該理解為各民族和各人口階層）的幸福，也不對諷刺態度時有愧疚，那麼你就必須對少數人的問題視而不見；

因為他們的認真在別處，他們的幸福是另一種概念，他們的目標是不會被區區五個手指的笨手握在手中。最後——難以承認卻不得不承認的是——時不時有這樣一個時刻，他們走出沉默的孤獨，再一次試試他們的肺活量：然後他們像森林裡的迷路者一樣互相呼喊，以便察覺彼此，並得到彼此的鼓勵；當然，在他們這樣做的時候，聲音會變得很響，聽起來很刺耳，不過這不是故意的。——隨後，森林裡又歸於平靜，靜得你又可以清楚地聽見生活在森林裡上下各處的昆蟲的嗡嗡聲、嚶嚶聲和翅膀拍擊的聲音。

關於信念與正義

關於信念與正義。——人們一時衝動說過、許諾過、決定過的事情，事後必須實際而客觀地做到——這屬於人們生命中不可承受之重。必須接受發怒的後果，接受烈火般報復的後果，接受熱情地為未來獻身的後果——由此激起對這些情感的怨恨，正是這些情感成了無處不在的被崇拜的偶像，尤其是藝術家在促進著這種偶像崇拜，而對這些情感的偶像崇拜越強烈，就越是怨恨這些情感。藝術家花費功夫估計熱情的價值，長此以往；當然，他們也讚美個人所保存的可怕的滿足的熱情；讚美寧可被殺、被肢解、被流放也要報復的衝動；讚美那種認了命的悲情。總之，他們念念不忘對熱情的好奇，似乎他們想說：「不曾經歷熱情，就不曾經歷一切。」因為我們對忠誠許下誓言，或許只是忠誠於虛無的神，因為我們在讓自己著迷，並讓那種著迷的東西好像值得擁有任何一種崇拜和犧牲的盲目瘋狂狀態，將我們的心獻給一位王公、一個政黨、一個女人、一個修士會、一位藝術家、一位思想家，難道我們就成了永遠綁定在一起的整體？此刻我們沒有自欺欺人？這諾言不是利益交換？

其前提條件當然是不言而喻的：那些我們神聖化了的東西其實就是我們想像中的東西。此外，我們必須為錯誤守諾，甚至當我們明知這種守諾會危害我們更進一步也要如此嗎？不，沒有這種法律，沒有這種義務；我們一定要做叛徒，一定不要守諾，一定要丟棄所謂的理想。沒有這種叛變的痛苦，甚至不再遭受這種痛苦，我們就不會從一個時代跨入另一個時代。我們需要為此避免痛苦、防備衝動嗎？對於我們而言，世界會變得更荒涼陰森嗎？我們更願意問自己，這些信念轉變的痛苦是否必要，或者它們是否由一種錯誤的主張和評價所決定。為什麼我們崇拜守信之人，而鄙視無信之人？恐怕答案必然是：因為人人都確信，只有拿微小的利益和個人恐懼形成的動機對比才會引起這樣一種改變。也就是說，我們基本上相信，在自己的主張有好處，或者至少對自己無害時，沒人會改變自己的主張。但是，即便如此，對於所有信念的理智方面，這其中也包含著一種不利證明。讓我們測試一下，信念是如何產生的，看一看它們是否被過於高估了：由此我們可以看出，在所有情況下，信念改變多少完全取決於錯誤的標準，迄今為止，這種改變讓我們大受傷害。

在自然的鏡子中

在自然的鏡子中。——假如你聽說，有人喜歡走在高高的金黃的玉米田裡；在所有事物中，他更喜歡紅彤彤的、金燦燦的秋天裡的樹林和鮮花的顏色，因為它們的美超越了自然之美；他在巨大的枝繁葉茂的堅果樹下的感覺，就像自由徜徉在親人之間；在山裡，面對那些偏僻的小湖泊便是他最大的快樂，在湖泊中，似乎孤獨的眼睛正在對他凝視；他喜歡氤氳迷霧中那種灰濛濛的寧靜，這種寧靜在秋天和初冬的夜晚爬上窗戶，就像一切沒有靈魂的噪聲都被絲絨窗簾所阻擋；他感覺沒有鑿過的岩石是來自遠古的希望說話的見證者，小時候起就對他們心懷敬仰；最後，對他來說，有著蛇一樣的波紋和食肉動物之美的大海是陌生的，而且始終是陌生的——如果你聽說了這一切，是否就代表已經精確地描繪了這個人？——是的，這個人的某些東西因此而得到了描繪，但是自然之鏡卻不會說就是這個人在他全部的田園式感傷主義中（甚至都不說「儘管有這種感傷主義」）可能會非常缺愛、小氣和自負。長於此道的賀拉斯（Quintus Horatius Flaccus）將對鄉間生活的脈脈柔情放在了羅馬的一個高利貸者的嘴巴和靈魂中，放在了那句著名的話中：「遠離生意操勞的人是幸福的。」

身為未來指路者的詩人

身為未來指路者的詩人。在如今的人群中，剩餘了太多富有詩意的力量，生活並沒有將之消耗殆盡；這麼多力量毫無保留地為一個目標獻身，絕不是要臨摹現在，復活和濃縮過去，而是指向未來——這不應該把詩人理解成一個難以置信的國民經濟學家，會首先認識到比較有利於民族和社會的狀況，並形象地看到其實現的可能性。更應該說，他將要像以前在神像的基礎上繼續創作的藝術家，在美麗的人像基礎上繼續創作，並做出預想：在我們現實的現代世界，沒有任何抵制和制止，美好而偉大的心靈還在和諧勻稱的狀態中，並透過這種狀態獲得可見性、持久性以及典範性，也就是說，依然可能存在這樣一個地方，可以透過對模仿和嫉妒的激發而實現未來。

這種詩人的創作，會因為看似隔絕並迴避開了熱情的氣息和灼熱而超群絕倫：不可改正的錯誤、人類絃樂的被毀、惡意嘲笑和痛恨一切古老的習慣意義上的悲劇和喜劇的東西，都會在這種靠近新藝術的地方，讓人覺得這是對人像的討人嫌的、仿古式的粗糙化。人物及其行為中的力量、善意、寬厚、純粹以及無意識的本能克制；一塊平整過的可以讓腳得到休息和舒服的地面；在臉上和事物上得以展現的光照萬物的天空；融為一體的知識和藝術；沒有囂張和嫉妒，和自己的姐妹即靈魂住在一起，並從對立面中誘發出優雅的認真態度而不是內心衝突的不耐煩的精神——這一切便是無所不包的、普遍的構成金色背景的東西，而在這之上，理想所展現的微妙之差才形成真正的繪畫——讓人類提升自尊的繪畫。——從歌德開始，通向這未來的創作的道路很多，但需要有優秀的開拓者，尤其需要一種力量，比現在的詩人，即關於半動物、關於同力量和本性相混淆的不開化和無節制的堅定不移的描寫者，所擁有的力量大得多的力量。

藝術品的審美之源

藝術品的審美之源。——如果我們考慮藝術感的萌芽之初，自問例如從原始人身上，最初的藝術品喚起了哪些不同種類的快樂，那麼我們最先發現的會是，那種懂得別人心思時的快樂；藝術在這裡是一種猜謎，它讓猜中者為自己的敏銳和機智而獲得快感。然後，人們藉著最粗糙的藝術品去回憶，那些經驗中曾使他們感到歡樂的東西，例如，當藝術家暗示狩獵、凱旋、婚禮的時候，人們相應地感到歡樂。另一方面，當人們遇到對復仇和危險的讚美時，會感到自己被那種描述所激發、感動和點燃。這裡的樂趣在於激動本身，在於戰勝了無聊。——甚至對不愉快事情的回憶，只要這問題已經解決，或者只要它讓我們自己身為藝術的對象在觀眾面前顯得有趣（例如當一位歌手講一個關於粗心航海家遇難的故事的時候），就能產生巨大的歡樂，這時候人們將這種歡樂歸於藝術。——更精緻的類型的歡樂，是在一看到點、線、節奏中的所有有規則的、對稱的東西時產生的；因為某一種相似性喚醒了對生活中一切有秩序、有規則的東西的感覺。

我們的一切幸福，都得歸功於這些東西：在對對稱事物的崇拜中，人們潛意識中認為當下幸福的根源便來自規則和勻稱；歡樂是一種感激的祈禱。只有在某種程度上較多地享受了最後提到的那種歡樂時，更為細膩的感覺才會發生，甚至有可能從對勻稱與規則的破壞之中感到歡樂，例如，當在表面的非理性當中尋求理性這樣一種做法很有誘惑力的時候：此時，這種感覺就會由此成為一種有審美效果的猜謎，像最初提到的那種藝術愉悅上升到更高類型那樣出現。——繼續沉湎於這種思考的人將會知道，為了說明審美現象，這裡原則上放棄了哪一種假設。

以前的藝術和現在的靈魂

以前的藝術和現在的靈魂。——因為每種藝術都越來越能夠表達靈魂狀態，表達比較激動、溫柔、強烈、狂熱的狀態，所以當後來的大師們被這種表達方式慣壞了，便在以前時代的藝術品中感覺到一種不舒服，好像古人想清楚地表達靈魂卻缺少方法，或許根本就是缺乏作為基礎的技術需求；他們覺得自己必須在這裡做點什麼——因為他們相信相似性，甚至所有靈魂的一致性。但事實上，那些大師們本身的靈魂是例外的，可能更偉大，其實更冷漠，他們十分討厭那些迷人的活潑的東西：適中、對稱、對令人歡樂之物的蔑視、一種無意識的酸澀和清晨的寒意、一種對熱情的迴避（好像藝術將在它的手中毀滅）——這些是以前所有大師的思想意識和道德構成之源，他們選擇同樣的道德在他們的表達方式中注入氣息，這並非偶然，而是必然。——是，難道這種認知就意味著，阻止後人按照自己的靈魂對前人的作品賦予靈魂的權利嗎？不，因為它們只有得到我們贈予的靈魂，它們才能繼續存活：只有我們的血液才能使它們與我們交流。

真正的「歷史」演講可以像靈魂一樣地去和靈魂說。——人們不是透過讓每一個詞、每一個注釋毫無意義地停在原地畏縮不前，而是以幫助它們不斷復甦的積極嘗試的方式，來表達對過去的偉大藝術家的尊敬。——當然，如果我們設想貝多芬突然來到現在，在他面前響起了他的一部按照有助於我們的演唱大師獲得榮譽的、最具現代感煽情和細膩的方式加以處理的作品，他也許會久久無言，不知道是該舉手表示詛咒還是祝福，但最終也許會說：「嘿！嘿！這既不是我，也並非不是我，而是某種第三者——在我看來，就算它不完全合適，也多少算是合適的。不過，你們最好注意你們是怎麼來進行的，因為不管怎麼說都是你們去聽——我們的席勒說，有活力的就是合適的。那就合適吧，我下去算了。」

關於巴洛克風格

關於巴洛克風格。——懂得自己身為思想家和作家而出生和受教育，而不是為了辯證觀念和分析觀念而出生或受教育的人，將不自覺地向修辭和戲劇求助：因為最終要看他是否能讓自己變得被人理解，因而贏得權力，不管他把感情引向自己時是透過一條平坦的小路，還是透過突然襲擊——身為牧羊人，或者盜匪。這既適用於造型藝術，也適用於詩歌藝術；在這些藝術中，辯證法有缺陷的感覺，語言和敘述方式有缺乏的感覺，再加上一種過於豐富的咄咄逼人的形式衝動，產生出一種人們稱之為「巴洛克」的風格。——只是順便說一下，教育很差的人和狂妄自大的人，聽到這個詞就立刻產生一種輕蔑的感覺。

巴洛克風格總是出現在任何一種偉大藝術凋零的時候，出現在古典表現藝術提高要求的時候，這是一個自然事件，人們大概將帶著憂鬱——因為是在夜晚降臨之前——注視它，對它固有的表現藝術和敘述藝術的替代品，同時又帶著讚美。屬於這種替代藝術的作品，是具有最高度的戲劇性緊張氣氛的素材和題材，遇到這樣的素材和題材，就算沒有藝術，心也會顫抖，因為感覺中的天堂和地獄如此接近；然後是強烈的感情和表情大加辯論，醜陋和崇高大加辯論，以及大眾之間大加辯論，尤其是本身大加辯論——正如在義大利巴洛克藝術家之父或祖父米開朗基羅那裡已預示出它將到來一般；投在如此堅固構造的形式之上的朦朧之光、神化之光、慾火之光；此外，在方法和意圖上還不斷有新的大膽行動，這是藝術家為他們自己竭力強調的，而外行必然誤以為看到了一種極為豐富的原始自然藝術的持久而無意的漫溢；在一種藝術門類較早的前古典的和古典的時代，這種風格賴以擁有其偉大地位的這些品性，都是不可能的，也是不允許的：這種精妙美味之物長期作為禁果懸掛在樹上。

正是在現在，當音樂轉入這最後的時代時，人們能夠在一種獨特的壯觀景象中認識巴洛克風格現象，並借助對比，對以前的時代多多了解：因為自希臘時代起，在詩歌、修辭、散文、雕塑中，以及眾所周知的建築中，已經可以經常見到巴洛克風格了——無辜的、無意識的、有必勝信念的、完美的高貴，但是它也使它所處時代的許多最優秀和最認真的人受了益——那樣，不去思考就輕蔑地評價它是一種狂妄自大；要是誰的感覺沒被它搞得對更純粹、更偉大的風格失去接受能力，那麼，誰就該為自己大感慶幸了。

二流的藝術需求

二流的藝術需求。——大眾無疑擁有某些你可以稱之為藝術需求的東西，但是少得可憐，滿足起來很容易。實際上，藝術的廢料就已經足夠了：我們應該老老實實地對自己承認這一點。我們只要想一想，例如，現在我們人口中最強健、最正派、最真誠的階層是從什麼樣的旋律和歌曲中獲得他們的衷心歡樂的，我們如果生活在牧民、山民、農民、獵人、士兵、水手中間，就能給自己得出結論。

在小城裡，即使是在世代傳承的市民道德之家的房子裡，那些當今產生的最糟糕的音樂還不是受到了喜歡甚至溺愛嗎？涉及這一點的大眾，誰談論他們對藝術的深刻需要和還未滿足的欲望，誰就是在胡說八道或是撒謊。

你們誠實一點吧！現在，只有在例外的人那裡才有一種高格調的藝術需求——因為藝術基本上又一次處於衰敗之中，人的力量和希望有一段時間專注於其他事物。——此外，就是在大眾以外，確實還存在著一種較廣泛的、較大範圍的藝術需求，不過是二流的藝術需求，在較高或最高的社會階層中：在這裡，可能存在某種類似於真正的藝術團體的東西。但是我們來查看一下它的組成部分吧！一般來說，這是一些在自己身上得不到恰當樂趣的較敏銳的不滿者；是還沒有自由得可以放棄宗教安慰，但是認為聖油的氣味不夠好聞的有教養者；是太軟弱而不能透過英雄式的悔改或放棄行動，來戰勝自己生活中的一個基本錯誤或性格中的有害傾向的半貴族；是太自以為是而不能透過謙虛的活動來讓人受益，同時又不肯做自我犧牲的偉大工作的天賦過剩的人；是不懂得為自己劃定足夠的責任範圍的少女；是透過一場輕率的或罪惡的婚姻束縛了自己，但是不懂得足夠地受束縛的婦女；是學者、醫生、商人、官員，他們過早地以各自的身分出現，從來沒有讓他的完整天性充分展現過，為此他們內心不安，但是畢竟還是努力做好工作；最後是所有那些未完成的藝術家，這些便是現在仍有真正藝術需求的人！

那麼他們向藝術渴求些什麼呢？它應該在一些小事和片刻中，為他們驅除不適、驅除無聊、驅除一些內心的不安，也許，要將他們生活和性格中的缺點誇大地解釋為世界命運的缺點——迥異於希臘人，希臘人在自己的藝術中感覺到他們自身美好健康人生的奔騰澎湃，願意再一次在自身之外看到自身的完美——是自我欣賞將他們引向藝術，而把我們這些同時代的人引向藝術的，卻是自我厭惡。

我們要去哪裡旅行

我們要去哪裡旅行。——對於認識自我，直接的自我觀察已經不夠了：我們需要歷史，因為過去依然如波浪一般在我們中間繼續流動；甚至我們自己，也不過是我們每一時刻從這種繼續流動中感覺到的東西。甚至在這裡，當我們想要踏入表面看來最自由的、最個性化的存在之河時，赫拉克利特的那句話依然奏效：人不能兩次踏進同一條河流。

這是一句日漸陳舊的格言，但是同樣的力量和真實性卻一如從前，就像下面那句格言一樣：為了理解歷史，我們——我們必須像祖先希羅多德那樣，到各個國家不得不尋找過往歷史的鮮活的殘餘——這些國家不過是一些人們可以立足的已穩定的早期文化階段，去所謂野蠻和半野蠻的民族那裡旅行，尤其是到人們已經脫掉或者還未穿上歐洲服裝的地方去。但是，現在還有一種更為精妙的旅行藝術和旅行意圖，讓人們不必總是千里迢迢地從一個地方到另一個地方。很可能，離我們最近的發著文化光彩的三個世紀仍然繼續活在我們周圍：它們只是需要被發現。在有些家庭裡甚至個人那裡，仍然等級分明，一級壓一級：在其他地方，有著更難理解的岩石斷層。一種更古老的值得尊敬的感情模式，肯定能更容易地保存在偏遠地區，保存在人跡罕至的山谷裡，保存在比較封閉的集體裡，它必須在這些地方被探尋出來，但在柏林不可能有這種發現——因為在柏林，人們來到世上時，是脫胎換骨並一無所有的。誰長時間地實踐了這種旅行藝術以後變成了百眼阿耳戈斯，誰就將最終陪著他的伊俄——我指的是他的自我——到處走，在埃及和希臘、拜占庭和羅馬、法國和德國，在民族遷徙或定居的時代、文藝復興和宗教改革時代，在家鄉與國外，甚至在大海、森林、植物、山區中，重新發現這造就變革中的自我的旅行冒險。於是自我知識變成了關於一切過去事物的全面知識：就像——按照僅僅對此作出暗示的另一系列的思考——在最自由、最遠視的人那裡，自我決定和自我教育有一天會變成關於未來整個人類的全面決定一樣。

信仰讓你上天堂，也讓你下地獄

信仰讓你上天堂，也讓你下地獄。——一個思想上犯戒的基督徒有一天可能會問自己：如果對上帝、代罪羔羊等存在的信仰已足以產生同樣的效果，那麼上帝以及一隻代人受過的代罪羔羊是否還有存在的必要？萬一它們應該存在，那它們不就是多餘的了嗎？因為所有讓人舒適的、安慰的、道德化的東西，都像基督教給予人類心靈的那些使人陰暗、使人破碎的東西一樣，是源自於那種信仰，而不是那種信仰的對象。這裡的情況和下列眾所周知的情況並無二致：雖然沒有魔女，但是由於相信有魔女而產生的效果，跟如果真有魔女時產生的效果是一樣的。對於基督徒期待有一位上帝的直接干預，卻徒然期待那些因為沒有上帝的所有時機來說，他的宗教的創造才能極為豐富，可以虛構出種種讓人感到安慰的藉口和理由：由此可見，它無疑是一種極富智慧的宗教。雖然信仰至今還沒有能夠搬動真正的大山，我也沒聽到有誰說它能做到這一點，但是它卻能把大山放到沒有山的地方。

人世間的脆弱及其主要原因

人世間的脆弱及其主要原因。——我們轉過身去時，總是會碰見這樣一些人，吃了一輩子雞蛋卻沒有注意到形狀稍長一點的雞蛋最好吃；也會碰到這樣一些人，不知道雷雨有益於開胃、不知道香味在清涼的空氣中最強烈、不知道月相不同味覺也不同、不知道在吃飯時多說話和多聽話都對胃不好。這些缺乏觀察力的例子也許並不令人滿意，人們更不會承認，大多數人很少注意身邊事物，看不清它們。這是無所謂的嗎？——但是你思考一下，個人的幾乎所有的身心缺陷都是這種不足造成的：不知道在我們生活方式的習慣裡、在一天的劃分裡、在交往的時間和選擇裡、在工作和閒暇裡、在命令和服從裡、在自然感和藝術感裡、在吃和睡及反思裡，對我們有利的、有害的到底是什麼；在最小和最日常的事情中無知，缺乏敏銳的眼光——這就是於很多人而言把地球變成「苦海」的東西。

我們不說在這裡像在任何地方一樣，這是一個人類的非理性的問題：應該說理性多得是，只是被定錯了方向，被人為地從那些最親近的小事物那裡引向別處。教士和教師，以及每一種理想主義者崇高的權欲，無論是粗獷一些還是細緻一些的理想主義者，都已經使孩子相信，重要的是完全不同的東西：是拯救靈魂，是國家公務，是促進科學，或者是威望與財富，這是為整個人類效力的方法，而個人欲望以及二十四小時之內的大小需求，就會是被蔑視的或無視的東西了。——

蘇格拉底曾全力捍衛自己，為了人類的利益而反對這種傲慢的無視人性的做法，他喜歡用一句荷馬的話來提醒人們，想到所有憂慮和思考的真正範圍與內容：這不過是，他說，「我在家遭遇的好與壞的問題」。

兩種安慰方法

兩種安慰方法。——古代稍後期的靈魂安慰者伊壁鳩魯有種今天也無法企及的驚人洞察力，他認為，想讓心情平靜，完全沒必要解決最終的、最極端的理論問題。所以在他看來，對那些受到「對神的恐懼」折磨的人這麼說就足夠了：「就算真的有神，他們也不關心我們。」而不是就神是否真的存在的最終問題進行毫無結果、不著邊際的爭論。下面一種態度要有利也有力得多：你讓另一個人領先幾步，這會讓他更樂意傾聽和銘記在心。但是，一旦他想要論證相反的問題——神是關心我們的——這個可憐蟲就一定會陷入某個迷思和布滿荊棘的樹叢啊！這完全是他自願的，與對話者的狡猾方法無關，這對話者只要有足夠的人性和技巧，把他對這個場面的同情藏起來就好了。最終這另一個人會感到厭惡，這是反對任何一種命題的最強有力的論據，他會厭惡他自己下的論斷，他冷靜下來，帶著純粹的無神論者特有的情緒離去：「神本來跟我有關嗎？讓魔鬼抓走他們吧！」——在其他情況下，尤其是當一個物理範疇和道德範疇各半的假設，使情緒陰暗起來的時候，他承認而非反對這個假設，可能大概就是這樣的情況：對於這同一現象，大概還有第二種假設來解釋；說不定情況又不一樣。

大多數假設，例如愧疚是從哪兒來的，即使在我們時代也足以除去靈魂上的那種陰影，那種陰影如此容易地從對一種唯一的、僅僅能見到的，卻因此而被百倍高估的假設的冥思苦想中產生出來。——於是那些想不幸者、作惡者、癔病患者、垂死者的人，應該想起伊壁鳩魯那兩種安慰人的說法，它們能夠在很多問題上加以利用。用最簡單的形式表現，它們大概就是：第一，假定情況就是這樣，那麼這與我們無關；第二，情況可能是這樣，但是也可能是另外的樣子。

人類——世界的喜劇演員

人類——世界的喜劇演員。——應該有比人類更有智慧的創造物，他們的存在就是為了享受下列事實中的所有可笑之處：人類認為整個世界就是為了人類而存在，人類不會因為一種世界使命的展望就滿足。如果一個神創造了世界，那麼他就會把人創造成神的猿猴，讓他有理由在太長久的永恆中一直高興。地球周圍的天體樂聲，這時候大概會使人類周圍所有其他創造物譏笑。那位無聊的神痛苦地搔弄他的寵物，就為了看它那種痛苦的、悲劇式的、自豪的表情和表現，尤其是喜歡最虛榮的創造物的那種精神發明——以發明了這發明者的身分。因為誰能憑空造人取樂，誰就比人更有智慧，也更喜歡智慧。——甚至在這裡，我們人類自願想要卑下一番，但虛榮卻來搗亂，讓我們人類至少在這種虛榮中，妄圖做一種完全無可比擬的、完全不可思議的東西。我們在世界上獨一無二！唉，這根本不可能嘛！

一種天文學家，有時候讓自己的視線局部地超越了地球範圍，他們讓我們明白：世界上的點滴生命，對於不斷生成與流逝的巨大海洋的整體性而言，毫無意義；無數天體具有類似於地球一樣的產生生命的條件——當然，與從來沒有生出過生命的疹子或早就從這種疹子痊癒了的無限多的天體相比，這一點也不多；這種天體上的每個生命，按照其存在時間來測量，只是一個瞬間、一個閃爍，然後是一個個很長很長的時段——因此，這些天體存在的目的和最終意圖，肯定不是為了這些生命。也許，森林中的螞蟻自以為牠就是森林存在的目的和意圖，就像我們在想像中幾乎不自覺地將地球的毀滅與人類的毀滅連繫在一起時一樣強烈。確實，如果我們到此為止，不把一個世界與神的普世黃昏辨成最後一個人類的葬禮，那麼我們仍然是謙虛的。最客觀的天文學家也想像不到，生機斷絕的地球與人類發光的、飄動的墳地有何區別。

何處急需冷漠

何處急需冷漠。——不會有什麼比這更思維混亂了：想要等待終有一天科學會查明關於最初和最終的事物的情況，而直至那時卻仍然以傳統的方式思考（尤其是信仰！）——就像我們經常被要求這麼做的。那種想在這個領域完全確定的衝動，是一種宗教的事後衝動，僅僅如此——一種隱藏的、只做個形式性懷疑的「形而上需求」，與這樣一種私下的念頭相結合：這種最終的確定性，將會長期不可見，直到那時候，「虔誠者」對於那整個領域都是有道理這一點，毫不關心。我們想要過一種豐富的、非常好的人生，根本不需要這種關於最遠視野的確定性：就像想做一隻好螞蟻的螞蟻，也不需要它一樣。更應該說，我們必須明白，我們長期討厭那些事物的重要性，最初究竟是從哪裡來的，為此我們需要倫理感和宗教感的歷史。那些最尖銳的知識問題，只有在這些感覺的影響之下，才變得對我們這麼重要、這麼可怕；人們將罪與罰（而且是永遠的罰！）概念拽入了精神的目光投向那裡，但是其中最遠的領域卻未能涉足：這些領域越黑暗，這樣的做法就越放肆。

自古以來，人們就在無法確定任何東西的地方大膽想像，並說服後代認真對待這些想像，並信以為真，最後拿出一張醜陋的王牌：信仰比知識更有價值。現在，在那些最終的事物方面，我們迫切需要的不是與信仰對立的知識，而是在那些領域裡與信仰和所謂的知識對立的冷漠！——有種東西在說教中對我們而言至關重要，除此之外，所有其他東西都必然離我們更近，我指的是這些問題：人的目的是什麼？人死後的命運如何？人如何與上帝達成和解？以及類似的一些奇怪的問題。像這些宗教界的問題一樣，哲學教條主義者的問題也跟我們無關，不管他們是唯心主義者、唯物主義者，還是現實主義者。在既不急需信仰也不急需知識的領域，他們全都熱衷於逼我們做出一個決定，如果在一切可以研究、可以通向理性的東西周圍，有一片被迷霧籠罩的虛假的沼澤地帶，有一條不能通過、亙古長流、難以辨別的帶狀物，那麼即使對於最偉大的知識愛好者來說，這也是更為有用的。明亮而親近的、最直接的知識世界，正是透過與知識大地邊緣的黑暗王國的對比，才不斷增加了它的價值。

——最直接的事物的好鄰居，不再像至今的情況那樣，眼光輕蔑地越過它們，朝向雲層和夜晚出現的惡魔。在森林和洞窟裡，在沼澤地帶，在濃雲堆積的天空下，例如在幾千年文化的各個階段上，——人類活得那麼久，而且活得那麼可憐。在那裡，人類學會了輕視現在、輕視鄰人、輕視生命，甚至輕視自己——而我們，這些在較為明亮的自然和精神原野裡居住的人，現在仍然在我們的血液中繼承了一點這種蔑視最直接事物的毒劑。

深刻的解釋

深刻的解釋。——比實際意味「更深刻的解釋」作者的話的人並沒有解釋這位作者，而是掩蓋了他。我們的形而上學家就是以這樣對待自然的文本的，甚至更惡劣。他們為了顯示深刻的解釋，第一步就是經常從這方面修改文本：換句話說，他們破壞它。作為毀壞文本、遮蔽作者的特例，叔本華關於婦女懷孕的一些看法，我們可以在這裡思考一下。他說，生命意志在時間中長存的象徵是性交；

重新與這種意志相結合、一直存在被救可能、最清晰的知識之光的象徵，使生命意志重新成為肉身；重新成為肉身的象徵就是懷孕，於是妊娠坦然地甚至自豪地走來，而性交卻爬著過來，像罪犯似的。叔本華斷言，如果婦女在生殖行為中被人撞見，會羞得要死，可是卻「毫不羞恥地，甚至自豪地炫耀她們的妊娠」。尤其是，這是最容易自我炫耀的狀況；因為叔本華恰恰只強調這種炫耀的目的性，所以他就準備了文本，讓它和事先準備的「解釋」保持一致。然後我們要說的是，他關於要解釋的現象的普遍性所說的話，是與事實不符的：他談論「每一個女人」，但是，許多女人，尤其是比較年輕的女人，經常在這種狀況中，甚至在至親面前，顯示出一種痛苦的羞澀；而年齡略大和最大的婦女，尤其是那些來自較底層的婦女，事實上會引以為豪，她們大概在以此告知眾人，她們的男人被她們所吸引。鄰居或過路人看到她們的時候，會這樣說或想：「確實有這種可能。」——在教養水準低下的情況下，這種實踐總是會被女性虛榮欣然接受。反之，正如可以從叔本華的命題中推斷出來的那樣，正是最聰明、最有教養的女人會最為她們的狀況而公開得意洋洋：她們確實有最大的希望生個有聰明的神童，在這神童身上，「意志」為了大家的利益會再一次「否定」自己；蠢女人會反著來，找盡理由，比隱藏任何東西都更加害羞地隱藏起她們的妊娠。——這樣的事情不是現實。妊娠狀態中的女性比她們通常情況下更多地流露出沾沾自喜，假定叔本華的這一說法是有道理的，那麼就會有一個比他的解釋更現成的解釋。你可以想像母雞在下蛋前也咯咯地叫，叫的內容就是：看吧，看！我要下蛋了！我要下蛋了！

習慣性的羞愧

習慣性的羞愧。——為什麼我們得到了所謂「不應得」的善待和表揚時，我們就會感到羞愧？這時候，我們似乎認為，我們擠入了一個不該進的、該被拒之門外的領域，幾乎是一個我們不能涉足的聖地或神域。然而，是別人的錯誤讓我們進入那裡的，而現在外面心中充滿了一些恐懼、一些敬畏、一些驚訝，在逃走和享受這幸福時光及其恩賜的好處之間，我們猶豫不決。在所有羞愧中都有一種似乎被我們褻瀆或者處於被褻瀆的危險中的神祕；一切恩賜都製造羞愧。但是如果我們考慮到我們根本從來就不「應得」某樣東西，假如人們在對事物的基督教式的全面觀察中熱衷於這種觀點，那麼羞愧感就會成為慣性：因為這樣的上帝似乎不斷地只賜福於一個人，只對一個人慈悲。

但是，除了這種基督教的解釋以外，還有完全無神的智者，他們堅持所有行為和所有人都徹底不負責任、徹底不配得到任何東西的觀點，甚至對於他們，也可能會有那種習慣性羞愧的狀態：如果他得到的待遇就好像全部理所應當，那麼他似乎就擠入了人的一個更高級別，這個級別的人一般應該得到某種東西，他們是自由的，能真正地支配自己的願望和能力。誰要是對這位智者說：「你應該得到它」，誰就好像在對他喊：「你不是人，而是神。」

戴著鏈條跳舞

戴著鏈條跳舞。——應該問每個希臘藝術家、詩人、作家一下：他所承擔的、讓同時代人著迷（以至於他發現有模仿者）的新壓力是什麼？因為人們稱之為

「發明」（例如在有韻律的事物中）的東西，始終是這樣一種自己給自己套上的鎖鏈。「戴著鎖鏈跳舞」，為難自己，然後給這一切披上輕鬆的外衣。大量繼承來的公式和史詩敘事規則，在荷馬那裡就已初見端倪，他不得不戴著這些公式和規則的鎖鏈跳舞：而他自己另外為後來者造成新的常規。這是希臘詩人受教育的學校，換句話說，首先讓自己承受以前詩人造就的各種壓力；然後再另外發明一種新的壓力，承擔它，再優雅地戰勝它：這樣一來，壓力和勝利就會獲得注意和讚美。

歡樂的含義

最近發生了一件非常重大的事：「上帝死了」，基督教的上帝不再值得相信。當這件事情發生的時候，歐洲大陸最先受到影響，不管如何，至少對那些用疑惑的目光審視這場戲的人而言，太陽就像隕落了一樣，一種古老而神祕的信任變成了謊言，我們的世界注定會因此走向黑暗和衰弱。我們或許可以這樣說：這件事情太嚴重了，對於大多數人來說都難以理解，因此他們從未接觸過這些，也就不會明白由此產生的後果，以及哪些東西將會隨之消失，例如，整個歐洲的道德觀念，原本都是依附於這個信仰的。

即將出現的破敗、沉淪、毀滅的一系列後果，又有誰能夠充分地預測到眼前的狀況，才配得上成為宣布這種可怕的邏輯的導師呢？才配得上宣布這種從未發生過的日食和陰暗的預言家呢？

人類是天生的解謎人，站在山頂上展望未來，夾在今天和未來這兩者的矛盾之間，就好像下一個世紀的第一胎嬰兒一樣。現在，我們已經可以看見那很快就會籠罩在歐洲大陸之上的陰影了，但是，到底是什麼原因，對這些陰暗我們竟然毫無同情之心？而且對自己的安慰毫不關心，反而對這陰暗的到來極為期盼？可能是近期這些事件深深地影響了我們吧！可能這些影響與人們估計的恰恰相反，不是悲傷和沉淪，而是一種難以言喻的新的明亮、幸福、歡愉和勇氣……

確實，只要「上帝已死」這個消息傳到哲學家與「自由自在的天才」的耳朵裡，他們就會立刻覺得整個身體沉浸在新鮮的朝霞之下，感激之情與期待的洪流也就會流動在我們心中。最終，我們的視野無限寬廣。儘管這時的視野不太明亮，但是我們的航船已經再次出發，為了面對重重危險，更是已經做好了一切準備；為了偉大的知識，我們再次開始了冒險的旅程；我們的海洋也再度敞開前所未見的胸懷。

這句話人盡皆知：在科學的領域，信念並沒有公民權。除非貶低自己的信念，讓它們變成某種謙虛的假設、短暫的嘗試、可以變換的幻想，科學的領域才會批准其進入，或者在某種價值給予認可，但是，這一切必須加上一項限制——它們的所作所為必須被監視。

更準確點說，這是否就代表當一種信念不再被重視的時候，就可以進入科學的領域呢？是否對科學的約束就代表人們不應該輕易地產生信念呢？或許如此吧！但是我們必須質問一句：如果約束生效，是否必須具備專橫的強制、絕對的信念，以此讓其他信念成為它的犧牲品呢？

大家都知道，科學必須建立在某種信念的基礎上，絕對不存在「沒有假設」的科學。真理是我們的必需品嗎？對於這個問題，首先我們應該肯定地回答「是」；其次，讓所有原則和信念如此回應：「真理極為重要，任何與之相比的其他事物都略低一籌。」那麼，追求真理的絕對意志是什麼呢？是不被騙和不欺騙嗎？

追求真理的意願可以解釋為「沒有欺騙」的意志，首先就要做到「不欺騙」，這個法則也包括「不自欺」。但是，人為什麼不願意騙人和被騙呢？有人這麼說過，「不欺騙」和「不被騙」完全沒有共同範圍。不願被騙，這是因為被騙於人於己都有害，甚至會帶來毀滅性的損害。因此，人們對科學提出正當的責問是一種歷久不衰的智慧，可以說這也是一種功利。那麼，單方面不願被騙真的可以減少傷害嗎？對於生活的了解，信或不信決定了最大的益處？如果兩個都需要，那麼科學應該如何得到它賴以生存的絕對信仰——重於一切的東西——真理呢？如果真理與非真理都在證明自己的功利性，那麼信念就產生不了了。事實如此。

因此，就科學的信仰來說，它的存在理所當然。信仰並非出自功利，而是出自追求真理的意志。當我們以科學之名將所有信仰殺死，我們就明白了什麼叫不惜一切！因此，追求真理的意志不是意味著「不欺騙」和「不被騙」，而是意味著「不願意騙人，更不願意自欺」。對此，我們別無選擇。於是，道德出場了。人們總是一味地問自己：「我為什麼不願意欺騙別人呢？」尤其是在生活出現虛偽的時候（這種情況必然出現），我所說的虛偽是指——欺騙、錯覺和誘惑；但是，它又總是偽裝成忠誠，也許這就叫做企圖，或者唐吉訶德式的荒唐，又或者某種可惡的東西，例如，敵視生命或者毀滅性的原則。因此，「追求真理的意志」可能就變成了追求死亡的意志。

將科學的問題引入道德的問題上到底有什麼企圖？假如生活、歷史、自然都不道德，那麼道德也就沒用了。所以，在一個尋求真理、相信科學的人看來，世界與生活、歷史、自然緊密相關。但是，到了什麼程度他才會相信這一另外的世界呢？他會不會因此否定這一另外的世界的對立面，即現實的世界呢？

據說，對於科學，人們早就明白，它始終還是依賴於一種形而上學的信仰（我也這麼認為）。即使是如今的求知者、無神論者、反形而上學者，也是依賴於那個古老的信仰——基督徒和柏拉圖所點燃的火堆中取火的，上帝就是他們眼中的真理……但是，當這種信仰不再可信，或者證明不了自己的神聖，又或者上帝也承認自己就是謊言的時候，會有什麼樣的局面出現？

愛情觀之男女有別

儘管我對一夫一妻制的觀點做出過讓步，但我絕不承認人們的這個認知：一夫一妻制婚姻中男女平等。根本就沒有所謂的平等。雙方對愛情的理解不同，對愛情的前提條件，即一方不強求對方的情感及愛情觀和自己完全相同，理解也有差異。

女人的愛情觀是顯而易見的，那就是徹底地、毫無保留地、無所顧忌地奉獻靈與肉，甚至一想到如果奉獻時帶上附加條件就感到羞愧、慌張。基於這種無條件奉獻的情況，男人的愛情便只是一種信念：女人沒有別的信念。如果一個男人愛上了一個女人，他就要得到女人的愛。這樣，他與女人之愛的前提條件就背道而馳、大相逕庭。除非世上也有想要完全奉獻自己的男人，要真的是這樣，他們也就不是男人了。如果男人像女人那樣去愛，他就會淪為奴隸；但女人若是那樣，便會成為更加完美的女人……

女人無條件地放棄自己的權利，這種激情的前提是男人不要有同樣的激情，不能同樣放棄。如果雙方都為愛情而放棄自我，我的確不知道會有什麼結果？或許是人去樓空吧！女人希望自己能被男人當成占有物，希望為「被占有」而獻身，所以希望得到一個接受她的男人，並且這個男人什麼都不必付出，反而會因女人而變得豐富，也就是說在女人的奉獻下，他的力量、幸福和信念一直在增強。我想，女人奉獻而男人接受，這是明擺著的矛盾，人們想透過任何社會契約、要求平等的良好意願去超越，這是不可能的，那麼，反而是這些符合心願，不要總是把這一矛盾的冷酷、可怕、不可理喻、不道德等屬性放在眼前，因為從整體上看，愛情屬於天性，一般情況下，天性總是有點「不道德」的。

女人的愛情還包含忠誠，這是從愛情定義中衍生出來的；而忠誠，很容易被男人當作愛情的後果，比如當作感謝、特別的情趣、所謂的心靈融洽等，但從不屬於男人之愛的本質。所以人們有理由說，愛情和忠誠在男人身上生而對立，他們的愛情就是占有欲，而並不是奉獻和放棄，占有欲每次的結果又都是占有……

男人基本不會承認維持他的愛情的正是「占有」，但這卻是事實，這正是他的占有欲更巧妙、更令人懷疑之處。他輕易不承認，一個女人已經沒有什麼好「奉獻」給他了。

這時，我們的興趣往往就轉移了，轉向了書本，但我們不是死讀書從書本中獲得思想的人。我們習慣於戶外思考、散步、跳躍、攀登和跳舞，最好在空曠的山野，或者海濱。在這些地方，連小徑都會露出思索的表情。至於音樂、人和書籍的價值，我們不禁會先問道：「它會走路嗎？它會舞蹈嗎？」……

雖然我們讀書很少，但並不代表比別人讀得差——噢，我們能瞬間洞見別人思想的起源，可以知道他面對墨水瓶，彎著腰，振筆疾書；噢，我們是很快地看完了他的作品；我敢打賭，他那被牢牢抓住的五臟六腑將他的祕密洩露了！就像他那陋室的空氣、天花板和狹窄的空間一樣洩露了他的祕密。這便是我闔上一本樸實但思想深邃的書所產生的感覺，頓生感激，如釋重負……

在學者的著作中，幾乎總充斥著某種壓抑和被壓抑的東西，「專家」總會在著作中顯現自己的熱情、形象、憤怒、真誠以及對「蝸居」的躬身致敬——大凡專家都是駝背的。一部學術專著是被扭曲的心靈的反映。實際上，每種職業都是扭曲的。

那些共度青春，現在略有所成的朋友，讓我們再次相遇吧！噢，我們遇見的跟他們實際的結局總是相反的！他們一直被科學指使，被弄得神魂顛倒！在狹窄的一角容身，被壓抑得麻木不仁，喪失自由又心理失衡，骨瘦如柴，瘦骨嶙峋，沒有一處是圓的。久別重逢，他們激動得語無倫次。

無論是哪種職業，即使日進斗金的優厚待遇，它給你的壓力也會像壓著一塊鉛做的天花板，讓你的心靈扭曲。這是不容置疑的事實。我們認為這種畸形是不可能透過某種教育技巧避免的，世上的高超技巧要付出高昂的代價。人們不惜一切代價試圖掌握專業，然而最終還是淪為了專業的犧牲品。我同時代的先生們，你們不希望也這樣吧？你們想「少」付出一些，但要生活得舒服一些，對吧？如果是這樣的話，你們會立刻得到不同的結果，你們變成了作家，圓滑世故、見風使舵的作家，而不是職業大師。而作家是不會駝背的——除了以思想界售貨員和教育「載體」的身分向你鞠躬時——作家其實不值一提，但他幾乎「代表」一切，扮演並「代表」專家，同時又卑微地表明自己被人包養著，也被尊敬和歡迎著。

我尊敬的朋友們！我倒是願意為你們的駝背祝福！為你們和我一樣蔑視這些

作家和教育界的寄生蟲而祝福！為你們擁有金錢無法衡量的見解卻不與思想界做交易，為你們不去具備也就不去代表，為你們只是想當職業大師和尊崇技藝，勇往直前地拒絕文學藝術中一切虛假、半真半假、煽惑、矯飾、看似傑出的做戲一樣的東西，總而言之，拒絕一切還在你們面前的教育排練，我為你們這所有的祝福！（儘管天才善於掩飾那些缺點，但卻不能根本克服，看看我們身邊天才的畫家和音樂家就知道了。他們通通狡猾地創造出模仿的格調、暫時的替代品，甚至原則，來獲取那一類教育排練、教條化的外表，同時又不以此來矇騙自己，不以已經自知理虧的良知長久沉默。你們知道嗎？當代偉大藝術家哪個不是因為做了虧心事愧對他人而痛苦不堪的呢……）

什麼是高貴

我一直想將「哲學家」一詞與某一個特殊概念連繫起來，徒勞無功之後──由此也發現了種種矛盾的特性──終於了解到，此後的立法者原來是兩種不同的哲學家：

▼一種是要建立一類不同以往的估價（邏輯上與道德上）體系。

▼一種是此類估價的立法者。

第一種哲學家嘗試著利用當今或過去的世界，將各類事物用文字符號加以概括與壓縮。以實現讓我們學會觀察、回顧、洞悉與利用發生的所有事件的目的——其為人類服務的宗旨是：讓過去服務於未來。

而第二種哲學家則作為發號施令者存在。他們說道：「事情本應該如此。」只有他們才能確定「目標」與「方向」，規定什麼有益於人，什麼無益於人；他們享有科學者的試驗成就，在他們眼中，所有知識只不過是用於創造的手段而已。而這種哲學家成功的機率微乎其微。實際上，他們處於極其危險的環境裡，處處危機。他們經常閉上眼睛自我欺騙，不願去看那一絲將他們與深淵（即徹底毀滅）隔開的縫隙。比如柏拉圖，他就堅信自己想像的「善」並不是柏拉圖之善，而是「自在之善」，如同一個名叫柏拉圖的人偶然撿到的永恆的珍寶！宗教創辦者的思維，就是這樣被一種盲目意志用更為笨拙的方式控制著。在他們的耳朵裡，千萬不要他們口中的「你應」聽作「我要」——僅僅因為那是上帝的命令，他們才能勇敢地完成使命；只有他們把對上帝的觀念當作「靈感」時，才不至於變成一項壓垮自己良心的重荷。

如果柏拉圖與穆罕默德這兩顆寬心藥失效，「上帝」或者「永恆價值」這一類的玩意也就不會再被哪個思想家拿來安慰內心了；而價值立法者則會重新提出一個前所未有的可怕要求。如今，那些上帝的選民們——他們面前已經現出這種朦朧的責任——試圖看看自己能否採用「及時」躲避的方式逃脫責任，就像自己逃過劫數那樣。比如他們會假裝自己已經完成了使命；會直接說無法完成；會說任務實在太艱巨了；會說自己接受了其他更合適的任務；會說這種新形式的沒有盡頭的責任就等於誘騙。這種逃避所有責任的行為是腦子混亂的、病態的。實際上，很多人已經達到了逃脫責任的目的。這些逃兵的姓名與他們醜惡良心的斑斑劣跡，留在了歷史的各個角落。然而他們中的大多數都得以解脫，即十分熟悉的地步。到了那一刻，他們原本「不想做」的事，也不得不做了；先前他們還望而生畏的事物立刻變得如同蘋果落地般地唾手可得，就像老天的賞賜一樣。

什麼是高貴？

——是最淺薄的小心謹慎。因為這種謹慎早已界定清楚，無法混淆。

——是談吐、衣著、舉止方面的輕率展現。斯多葛主義的嚴肅與自我強制可以把一切誇張的好奇心扼殺。

——是緩慢的步伐、呆滯的眼神。它們的出現，導致世界上再也沒有更具價值的東西了。因為它們希望自身變得有價值。所以我們很難去驚訝。

——是對貧苦甚至疾病的忍受。

——是不沽名釣譽，不輕信那些滿口諛辭的人！因為他們自以為懂得他們誇讚的目標：但要明白——巴爾札克，這個急功近利者的代表說出了心裡話——知道，等於無所謂。

——是我們對人性可知論的嚴重懷疑。對我們而言，不是我們選擇孤獨，而是孤獨選擇我們。

——是堅信人們只對同等地位的人盡義務，而無視其他。因為他們堅信只有在同等地位的人群中才會享有正義感（很遺憾！這不可能一蹴而就）。

——是對「天才」人物的嘲弄與譏諷，即堅信道德只存在於天生的貴族身上。

——是認為自己應該被人尊重。因為世上罕有尊重他人的人。

——是喜歡隱藏偽裝自己。因為越高尚的本性，就越需要隱藏。如果真的有上帝，那麼出於禮貌，他也要長得跟普通人一樣。

——是可靠地具有過閒暇生活的能力。人們只要身負技藝，都會損害高貴，不管我們對「勤奮」是尊重還是肯定。我們沒有以市民的角度去評議它，也和那些貪心不足、捕風捉影的藝術家們的所作所為不同，他們就像一群老母雞，咯咯咯地叫，下個蛋；再咯咯咯地叫。

——我們保護那些身懷絕技的藝術家、詩人與大師。但是比起這些只會做事的「生產者」，我們更勝一籌，所以不能和他們混為一談。

——對各類形式感興趣；自願為所有形式的事物辯護，認為客套是最大的美德；懷疑所有特立獨行的種類，比如新聞自由與思想自由；因為它們只是讓人長了肌肉，沒長腦子。

——對女人的興趣，或許是一種更為精細微妙的愛好。遇見這種終日在歌舞、醉酒與裝扮中沉迷的人是多麼愜意的事情啊！她們讓所有擁有遠望與激情的男性靈魂狂熱；而後者則是擁有偉大抱負的人。

——是對皇族與僧侶的熱衷。從普遍意義上來看，他們堅守著人有價值差異的信仰，也如此評價歷史——至少表面上如此。

——是沉默的本領。卻在聽眾面前不發一言。

——是對長久敵意的忍耐。是因為對輕鬆化解無能為力。

——是對煽動、「啟蒙運動」、「和諧」與粗俗親暱的厭惡。

——是對珍貴事物的累積，對高級的與挑剔的靈魂的需求；對尋常事物予以否定，對自己的書籍與處境予以肯定。

——不管經驗好壞，我們都應奮起反抗，一定要讓它們普及的速度變慢。

如果有人將自己低劣的審美當作規範，而我們還要反對他，那麼這件事就可笑至極了！

——是我們對幼稚的熱愛，以及把這些幼稚者當作高等人與旁觀者。我認為，浮士德與他的格雷琴同樣幼稚。

——是我們中間無視善良的人，因為他們是群畜。我們知道，在最險惡、最冷酷的人中，往往隱藏著一滴能量無限的善的金汁，它勝過所有嬌嫩靈魂的單純偽善。

——是我們認為我們的惡習和蠢行不該受譴責。我們很清楚這難以被認可，然而我們理由充分地讓自己擁有光榮的地位。

均衡狀態從未實現過，因為毫無可能性。但是或許在不確定的空間會有例外。在球狀空間也一樣。空間的結構源於運動，實際上，這也是造成一切「不完美性」的原因。在「力」、「安定性」與「均衡」之間鬥來鬥去；力的量（即大小）是固定的，可是力的能力卻有流動性。

批判「超時間性」。在力保持確定的瞬間，就具有了重新分配所有力的絕佳條件；力，不可靜止。「變化」屬於本質，時間性也如此。只不過是在概念上重新設定了變化的必然性。

生活的熱忱

你們想要「順其自然」的生活？噢，高尚的斯多葛派們，只會信口雌黃！想像自己是自然一樣的存在物，無節制的奢侈、無限制的冷漠、沒有目的、沒有正義與同情，可怕而荒涼，並且流浪，想像自己是一股冷漠的力量——這種冷漠的生活你們怎麼忍受？——人們的生活之所以存在不正是為了區別自然嗎？難道生活不就是評價、選擇所愛，不仗義，受限制，力圖區別於自然的願望嗎？就算你們真的「順應自然而生活」，你們又怎麼活得跟它不一樣？為什麼你們要按照自己認可和不得不認可的事物造出一種原則？實際上，你們不是這樣的：你們裝作欣喜若狂，抬出自以為得自自然的規則，卻作著相反的勾當——多麼優秀的演員與自欺者！你們傲慢地在自然本身上強加你們的道德與意圖，並自行定義道德理想為

「順應斯多葛的自然」，還要求一切生命按照你們的形象來塑造，以此象徵某種斯多葛主義的永恆光輝與高唱讚歌！把自己束縛進對真理的熱愛之中，如此長久而執著、如此死板而呆滯地以斯多葛式的眼光看待自然，以至於再也容不下另一種視角——甚至在某種無法言喻的傲慢的驅使下，讓你們保持極端的希望，因為你們本身就在這種自虐中沉迷——斯多葛主義就是這樣，同時也使自然充滿暴虐之色——難道斯多葛派不是自然的一部分嗎？……但這只不過是一個永恆的故事：斯多葛派過去發生的故事，今天仍在發生；只要有一種哲學開始自信，它就將按照自己的思維創造世界，不會有其他可能。哲學便是這施暴衝動的本身，便是最權威的意志，「創世」的欲望，探求首因的意志。

對於所謂的熱忱與雅緻，我甚至要用上「狡猾」一詞。如今的人們，帶著這種態度在歐洲各處尋找，以探求「現實世界與虛假世界」的課題，引發各種話題，讓人駐足圍觀；無論是在臺前還是幕後，如果一個人只聽到一聲「追求真理的意志」而聽不見其他內容，一定不能吹噓自己有一對靈敏的耳朵。事實上，在極個別的場合，這種追求真理的意志——某種放肆而滿是冒險性質的勇氣，某種形而上學者帶有絕望色彩的堅持到底——確實有參與的可能。最終，他們寧可對滿地的「確定性」抓住不放，也不願對整車的可能性看上一眼。甚至還帶著清教徒般的狂熱勁兒，寧可死於無，也不願理睬不確定之物。可這都是虛無主義，一種絕望而垂死的靈魂狀態：即便這是源自美德而表現的勇敢。

然而，對於更為強勢的、充滿生機、渴望生命的思想家，或許會有不同的情況。他們黨派不同，反對假象，以傲慢的口氣談論「透視法」，他們以對待「地球是靜止的」這一假說的態度來估量自身肉體的可信性，並在這種態度的基礎上得意洋洋地把最保險的占有物放跑了(目前還有什麼比自己的肉體更可靠的呢？)。誰又能保證他們不是要把前人所占有的更為保險的事物搶回來呢？即以前的某種信仰，或者「不死的靈魂」，又或是「老朽的上帝」，總之就是某種觀念。這些觀念比「現代觀念」能讓他們生活得更好、更有活力、更快樂，不是嗎？這既是對現代觀念的一種不信任，也是對昨天與今天所建構的一切的非信仰；對於自己的輕率舉動，他們或許會表現出厭煩與自嘲，並對亂七八糟、概念破爛的出身再也無法忍受。現在，它既是那些所謂的實證主義擺到市場上兜售的破爛貨，又是被牽到繁雜的現實性哲學市場上的一頭蠢驢。這些看似花樣百出的東西，實際沒有一點新意，也沒有一點檔次。在我看來，人們應該記住這個例子，去證明當今的（懷疑論的）反現實與認識的微觀分析。他們的本能妥當地將它們與時髦的現實分離開來——我們才不關心他們倒退的祕密！他們並不是為了「後退」，而是離開。如果多一分力量、勇氣與藝術家的才幹，他們就會溜之大吉——而非後退！

致現實主義者

清醒的人們，你們總認為自己是反對熱情和幻想的人，總是喜歡在自己的空虛中創造出豪情和矯飾。你們這些自詡現實主義的人，總是習慣於這樣暗示他人：世界是真實呈現於你們面前的，它也只會在你們面前揭開神祕的面紗，展示堪稱精華的一面。

——噢，親愛的賽斯之形象！

揭開神祕的面紗，你們不也如同水中的魚兒，

是豪情萬丈、孤獨冷靜的生靈，

不也如同熱戀的藝術家嗎？

但是，你到底知不知道，在一個熱戀的藝術家眼中，什麼才是「真實」？那些來自過去幾個世紀的充滿熱情與熱戀感覺的事物，你們依然深愛著！在你們的清醒裡總是有似有似無卻又無法消除的朦朧醉意摻雜其中！就以「真實」的愛戀舉例，那可真的是一種純粹而原始的「愛」！它與一些幻想、偏見甚至與非理、無知、恐懼等相互摻雜，在一切情感和感官印象之中充斥。那一座山、一片雲的「真實」作何解釋？清醒的人們，你們可以抽離出對那山那雲的幻象和那些人為的添加物嗎？你們自己的出身、歷史以及學前的教育，甚至是你們的整個人性與獸性，這一切你們都能遺忘嗎？

對我們來說，「真實」並不存在；對你們也是如此。事實上，我們之間並沒有你們所想的那麼陌生。可是，我們想要超越醉意的良好願望的強烈程度，或許跟你們無法克服醉意的信念一樣。

對於南歐人喜歡的所有東西的鄙俗性——無論是義大利的歌劇（比如羅西尼和貝利尼的），還是西班牙的冒險小說（比如我們最為熟悉的吉爾．布拉斯的法文版小說），我都很熟悉，不過我還不至於為它們傷心。這種鄙俗就像人們在龐貝市漫步時，或者在閱讀古書時所碰見的鄙俗。

那麼從哪裡產生的鄙俗性呢？是缺少羞恥心的原因，還是鄙俗之物十分自信的原因，才能夠很有氣勢地出場嗎？難道這就像同樣鄙俗的音樂和小說中所描寫的那些高雅、嫵媚、熱情的東西一樣嗎？「動物和人一樣有自己的權利，可以想去哪兒就去哪兒；然而我親愛的同代人啊，不管怎麼說也是這樣的動物！」我覺得這簡直就是鄙俗性的注解，也可以看作是南歐人的個性特徵。

粗鄙的審美情趣和精緻的審美情趣一樣，都有屬於自己的權利，當粗鄙的審美情趣變成一種巨大的需要、自信的滿足、通俗的語言，甚至是一眼就能讓人看明白的面具和姿態的時候，也許它的權利會比精良的審美情趣更優先；而仔細選擇後的精良的審美情趣中，總是包含著探索性的、嘗試性的東西。雖然對於這些我們還沒有給它一個確定的解釋，但是它永遠與通俗化無關，過去現在都無關！從始至終，通俗化只能是一種可怕的面具！

在音樂的華彩樂章和歌劇的歡快旋律之中，這個面具出現了！這完全可以看作是一種遠古的生活！如果人們不能理解別人為什麼總是喜歡戴著面具，更加不能理解別人在面具上花費的巨大心力，那還怎麼談得上對面具的認識？可以說，這裡是古代思想的浴場和棲息地，也許這浴場需要上層的高雅人士，甚至更可能需要下層的鄙俗群眾。

我常常為北歐的作品中所表現出的鄙俗趨勢感到丟臉，也常常感到痛苦難言，比如德國音樂，藝術家從來不會為自我貶抑而臉紅，可我們卻因為它而感到羞愧啊！我們被傷害了！因為我們知道，為了我們，它會降低自己！

希臘人——至少雅典人很喜歡聽別人誇誇其談，或許這個特殊的愛好已經成了與非希臘人的一大區別。他們甚至要求站在舞台上的演講者要有誇誇其談的熱情，並且能夠狂喜地、裝腔作勢地進行朗誦。不過，在人性裡藏著的熱情恰恰是低調、沉默、拘謹的！因此就算熱情找到了可說之話，那肯定也亂七八糟，而且還沒有理性、自慚形穢！

因為希臘人的原因，我們現在好像已經習慣了舞台上的裝腔作勢，這就像我們因為義大利人的原因習慣了另一種不自然的、忍受並且喜歡忍受歌唱的熱情一樣。我們好像特別需要傾聽處於極度困境中的人的誇誇其談，而我們無法在現實世界中滿足這種需要。悲劇英雄的命運處於懸崖邊上，現實中的人在這種情況下大多會喪失勇氣和美好言辭，而他依然鎮定自若、口若懸河地慷慨陳詞，讓人的思想立即變得開朗起來，令我們為之痴狂，或許這「脫離自然的偏差」是為人們的尊嚴特製的午餐吧。所以，人類需要透過藝術來表達一種高尚的、英雄式的做作與習俗。

如果一個劇作家總是保持一些沉默，而不能夠將一切變為理性與言語，那麼人們就會很理所當然地批評他；然而，如果一位歌劇家不懂得獲取最好的旋律去製造最好的藝術效果，而只知道尋覓那些很有效果的、「符合自然」的喊叫與結巴，那麼慢慢地，人們就會越來越不滿意他。這樣一來，也同樣違反了自然規律！由此產生的相關問題就是，在一種更高的熱情面前，鄙俗的、「想當然」的激情應該讓位！

希臘人在這條路上走得實在太遠太遠了，簡直讓人驚訝！他們將戲臺搭建得特別狹窄，還拒絕用深層的背景來製造效果；演員不能夠有任何面部表情和細微動作，以至於演員們都變成了如同面具一般莊重、生硬的魔鬼，與此同時，他們也從熱情的深層內涵抽離了出來，只為熱情制定誇誇其談的規則。他們的目的就是不想出現恐懼與同情的劇場效果，對，他們就是不要恐懼與同情——也許，這是對亞里斯多德極致的尊崇！但是，在論及希臘悲劇的最終目的時，亞里斯多德顯然說得不準確，更別說直抵核心了！

到底用什麼方法激發出了希臘悲劇詩人的勤奮、想像力以及競爭熱情？我想一定不是用藝術效果來征服觀眾的意圖。雅典人就是為了聽演員的優美演說而去看戲的！而索福克里斯的一生也正是為了寫出優美的演說詞！也許我的論調有些奇怪，但不管怎樣，他們無法與嚴肅的歌劇相提並論。好像歌劇大師拚盡全力地想讓觀眾理解不了他們塑造的人物。他們都是這種觀點，而且還習慣性地調侃道：雖然很多時候一個倉促說起的字眼能夠使一位注意力不太集中的觀眾有所領悟，但是總的來說，劇情應該要明白無誤，其實說到底這根本就不重要！當然，或許他們還沒有勇氣將其對劇中臺詞的蔑視完全表現出來。羅西尼把一點頑皮加進了自己的戲劇裡，甚至恨不得要演員一個勁兒唱「La - La - La - La」，或許這是很明智的做法！人們相信歌劇中的人物的原因，在於相信他們的音調，而不是他們的「言辭」。實際上這就是不同，是美好的「不自然」，人們走進劇院看戲的原因就在於這種美好。即使是歌劇中吟詠的部分，也不一定能夠讓人聽懂其中的意思，採取這種「半音樂」的形式，其實是為了讓樂感豐富的耳朵能夠在最高雅、最費神的藝術享受中略作休息；當然，過不了多久，觀眾就會厭煩這種吟詠，滋生衝突情緒。於是他們便開始渴望完美的音樂旋律再度響起。

如果用這個觀點來衡量理察．華格納的藝術，那又會是什麼結果？也許會讓人感到異樣？我常常這樣想，說不定人們在他的作品上演之前就已經將他作品中的臺詞和音樂記熟了，否則人們不可能聽得懂。

詩歌卷

我該如何順利地到達山頂？

——放棄思考，專注攀登！

第三次蛻皮

褶皺皴裂了，我的表皮，
我心中之蛇，已經吞下那麼多的塵泥，
仍然焦躁飢渴。
我爬在亂石和草叢之中，
餓著肚子，匍匐逶迤，
尋覓我一向用來充飢的——
你，蛇的食物，你，塵泥！

我的玫瑰

確實！我的幸福——希望讓人得到好處，
所有幸福確實希望讓人得到好處！

你們想摘我的玫瑰啊？
你們彎下腰弓著背，
藏身石堆與荊棘之中，
長久地滴著饞的口水！
只因我的幸福——喜歡嘲弄和玩笑！
只因我的幸福——喜歡變化和捉弄！
你們想摘我的玫瑰啊？

致一位光明之友

你若不想眼睛和腦袋疲憊，
那就在陰影中奔向太陽！

老實人

整塊木頭製成的敵意，
勝過膠合起來的友誼！

鏽

鏽也是必不可少的：只是鋒利是不夠的！
人們會沒完沒了地說：「他終究太年輕了！」

向上

「我該如何順利地到達山頂？」
——放棄思考，專注攀登！

解釋

如果我解釋自己，就是自我欺騙：
我不能做自己的解釋者。
可是誰只在他獨有的路上登攀，
他便背著我的形象去光明上面。

給悲觀主義者的藥方

你抱怨說，你深陷絕望？
朋友，總是這種乖僻的思想？
我聽見你詛咒，哭鬧，口水飛揚——
真叫我煩躁，心傷。
跟我學，朋友！敢作敢當，

吞下一隻肥瘦的蛤蟆，
迅速，不要細察！——
這能預防噁心反胃！

請求

我熟悉許多人的心門，
卻不明瞭自己的身分！
我的眼睛離我太近——
所以我總是看不見自身。
如果我能稍稍遠離自己，
也許我對自己會更加有用。
儘管不是遠如我的敵人！

摯親的朋友已然遠得過分——
他和我之間畢竟有個中點！
我請求什麼，你們能否猜到？

我的堅強

我必須走過臺階千級，
我必須向上；而你們的讚嘆在我耳邊響起：
「太堅強了！難道我們都出自岩石？」——
我必須走過臺階千級，
可是誰願做其中之一。

獨來獨往者

我痛恨跟隨和驅使。
去服從？不！但也不——統御！
本不是惡鬼凶神，不能使任何人恐懼，
但只有使人恐懼的人才能夠驅使。
我尚且痛恨自己驅使自己！
我喜歡像林中鳥，海裡魚，
沉醉於一個美好的瞬間，
在令人沉迷的錯覺中隱居沉思，
終於從遠方招回家園，
引導我自己去向——我自己。

反正要來

「我今天來，因為今天是恰好的時間」——每個反正要來的人如此尋思。輿論卻對他蓄意挑撥：「你來得太早！你來得太晚！」

疲憊者的判斷

所有疲憊者都咒罵太陽，認為樹只有唯一的價值——蔭涼。

降落

「現在他降了，落了」——你們反覆嘲諷，
事實上：他升高了再向下照著你等！
他那過量的幸福是他的苦楚，
他那四溢的光明流向你們的暗處。

詩人的虛榮

給我膠水便好：因為我已找到
用來黏合的木條！
在四個無意義的韻腳裡
放進意義——難道不值得驕傲！

懷疑論者的話

你這輩子已過了一半，
時針移動，你的心兒在打戰！
它久久地來回走著，
遍尋不著——它在這猶豫懷疑？
你這輩子已過了一半：
滿是痛苦和錯漏，時刻緊逼！
你到底尋找什麼？何必？——
我正尋找——底細的底細！

星星的利己主義

如果我不是圍繞著自己
不斷轉動滾圓的身體，
我如何能堅持追趕太陽
而不被它的烈焰燃起？

星星的道德

注定要走上你的道路，
星星啊，黑暗為什麼將你包覆？
你的光環幸福地穿越時間，
你隔絕並遠離著歲月的苦難！
你的光輝屬於最遙遠的世界：

憐憫在你應是一種罪孽！
唯有一個命令合適於你：純潔！

生活是一面鏡子

生活就是一面明鏡，
我們做夢都想做的，
最首要的事情，
就是在鏡中辨認出自己！

詩人的天職

不久之前，為了乘涼，
我在濃郁的樹蔭下坐著，

一種輕微而纖巧的聲音進入耳朵，
一板一眼地，滴答，滴答。
我生氣了，陰著臉色——
但最終退步了，甚至像一個詩人，
自己也隨著滴答聲咕噥著。

當我詩興正濃

音節一個跟著一個往外躥，
突然禁不住狂笑，笑了整整一刻鐘。
你是一個詩人？你是一個詩人？
——「是的，先生，您是一個詩人，」
啄木鳥聳一聳肩。

我在叢林中期待著誰？
我這強盜到底要伏擊誰？
一句格言？一個形象？咻的一聲
我的韻律撲向她的脊背。
那稍縱即逝和活蹦亂跳的，詩人
立刻一箭射落，收入詩篇。
——「是的，先生，您是一個詩人，」
啄木鳥聳一聳肩。
我是說，韻律像不像長箭？
當箭頭命中要害，
射進遇難者嬌小的身軀，
她怎樣掙扎、顫動、震撼！

唉，她死了，可憐的小精靈，
或者醉漢似的跌跌絆絆。
——「是的，先生，您是一個詩人，」
啄木鳥聳一聳肩。
倉促寫下的歪扭的短句，
醉醺醺的詞，怎樣推推搡搡！
直到它們有序排列，
掛在「滴答——滴答」的鏈條上。
現在臨時匯聚的暴民高興了？
而詩人卻——得了病？
——「是的，先生，您是一個詩人，」
啄木鳥聳一聳肩。

鳥兒，你在聽著？你想惡作劇？
我的頭腦已經糊里糊塗，
要是我的心情更加糟糕？
恐懼吧，為我的憤怒恐懼！
然而詩人，
他在怒火中仍然拙劣而合適地編織韻律。
——「是的，先生，您是一個詩人，」
啄木鳥聳一聳肩。

在南方

我在彎彎的樹枝上躺著，
搖著我的疲倦入睡。
一隻鳥兒邀請我作客，
我在牠的窩裡靜靜休憩。
我在哪裡呢？啊，遠方，遠方！
白茫茫的大海沉沉睡著，
紅色的小船在海面停泊。
岩石、無花果樹、尖塔和港灣，
羊叫了一聲，田園裡四面看看——
純淨的南方啊，請收留我！
一步步地來——這不就是生活，

總是齊步走不免德國氣和笨拙。
我願藉著狂風飛上雲朵，
像鳥兒一起天空翱翔——
飛越重洋，飛向南方。

神祕的小舟

昨夜，萬物沉入了夢裡，
幾乎沒有一絲風
帶著無端的嘆惋穿街過巷，
枕頭卻不讓我安詳，
還有罌粟，還有那向來
催人沉睡的——坦蕩的良心。

我終於放棄睡覺的想法，
快速地跑向海灘。
月色柔和明亮，
在溫暖的沙灘我遇見一個男人和一條小船，
這牧人和羊都睡得正香——
小船瞌睡地和海岸碰撞。
一個小時，又一個小時，
或許過了一年？
突然我的感覺和思想沉入空無所有的地方，
一個沒有柵欄的深淵，
張開大嘴——死期到了！
——黎明將至，黑漆漆的深淵裡一隻小船停泊，靜靜地，靜靜地……
什麼發生了？
一聲呼喚，呼喚此起彼落：
有過什麼？是血？——
沒發生任何事！我們在沉睡，
沉睡著萬物——哦，睡吧！睡吧！

愛情的表白

（但詩人在這裡掉進了陷阱——）
哦，奇蹟！他依然飛著？
他上升，但他的翅膀保持靜止？
到底是什麼托起了他？

如今什麼是他的目標、牽引力和繩子？
就像是星星和永遠，
現在他住在離人生很遠的高處，
甚至可憐那嫉恨——
飛在高空，誰說他只是漂浮！
哦，信天翁！
永遠的衝動把我向高空推去。
我思念你：為此
淚流滿面——沒錯，我愛你！

這些模糊不清的靈魂

這些模糊不清的靈魂

讓我深深地討厭，
他們的一切榮譽是酷刑，
他們的一切讚揚是庸人自擾和丟臉。
只因我不把他們的繩子
牽引過時代，
他們便對我投以兇狠又討好的凝視
和絕望的猜忌。
他們心裡只想把我謾罵
以及譏笑！
這些眼睛的徒勞搜查
在我身上肯定永遠什麼都得不到。

絕望中的傻瓜

啊！我寫了些什麼在桌子和牆面，
用傻瓜之心和傻瓜之手，
以為這樣能將它們妝點？
你們卻說：「傻瓜的手亂畫亂寫——
應該把桌子和牆面徹底清潔，
直到不留一絲痕跡！」
請讓我跟你們一起做吧——
我也會使用海綿和笤帚，
如同批評家，如同清潔工。
好吧，一旦把這活兒做完，
我反倒看看你們，聰明過度的人，

你們的聰明拿什麼把牆面和桌子塗染⋯⋯

我多麼幸福

有一次，我見到了聖馬可的白鴿：
靜寂的廣場上，光陰在午睡。
我在宜人的綠蔭裡，
悠閒地把支支歌曲像鴿群一樣放上藍天——
又招它們回到這裡，
在羽毛上掛一個韻律——
我多麼幸福！我多麼幸福！
你寧靜的天空，閃著藍色的光輝，
像絲綢罩在色彩斑斕的房屋上空飄來飄去，

我對你（我說什麼？）又愛戀，又嫉妒，
又恐懼……
但願我真的迷醉於你的心魂！
可要把它歸還？——
不，你的眼睛是神奇的草地，供我歇息！
——我多麼幸福！我多麼幸福！
莊嚴的鐘樓，
你帶著怎樣獅子式的渴望勝利地衝向天空，
歷盡了什麼樣的艱苦！
你深沉的鐘聲迴蕩在廣場——
用法語說，你是廣場的「重音」嗎？
我像你一樣戀戀不捨，

我知道是出於怎樣如絲般柔軟的強求……
——我多麼幸福！我多麼幸福！
稍等，稍等，音樂！先讓綠蔭變濃，
讓它伸展，進入褐色的溫暖的長夜！
白天奏鳴多麼早啊，
黃金首飾還沒有在玫瑰的華美中閃亮，
我又逗留了許久許久，
為了吟詩、浪跡和竊竊私語——
我多麼幸福！我多麼幸福！

向著新的海洋

我願意——投身於你；
從此我滿懷信心和勇敢。
大海敞開著，我的熱那亞人
驅船駛入一片蔚藍。
萬物閃著常新的光輝，
在時空之上沉沉午睡——
唯有你的眼——大得讓人生畏，
緊盯著我，永恆！

無家可歸

我騎著駿馬，
無所畏懼地飛馳向遠方。
看見我的了解我，
了解我的稱呼我——
無家可歸的人。
嗨嗒嗒！
請不要將我拋棄！
我的幸福，明亮的星星！
誰敢大著膽子對我反覆詢問，
哪裡是我的家鄉？
我一向不拘束於

空間和如水時光，
如鷹般放肆翱翔！
嗨嗒嗒！
請不要將我拋棄！
我的幸福，迷人的五月！
我終將死去，
與死神親吻，
但我怎麼會相信：
我會躺進墳墓裡，
不能再品嘗生命的美酒？
嗨嗒嗒！
請不要將我拋棄！

我的幸福，絢爛的美夢！

歸鄉

1

晚禱的鐘聲悠悠揚揚，
在田野的天空上盪響，
它想要對我表達的是，
在這個廣闊的世界裡，
終究沒有人能夠找到他的故鄉和天倫之樂……
我們從沒有擺脫大地，
到底回到了它的懷裡。

2

當鐘聲悠悠迴蕩，
我不禁暗暗思量：
我們所有人滾滾奔向永恆的故鄉。
誰在無時無刻地掙脫大地的拘鎖，
唱一支故鄉牧歌，
讚頌天堂的極樂！

3

這是痛苦的歲月，
當我有一次離開；
我的心倍加憂慮，
當我現在已回來。

路上懷抱的希望已被殘酷地擊毀！
啊，苦難的時光！
啊，不詳的歲月！
我久久地哭泣，
在父親的墳前，
那苦澀的淚水，
落在家庭墓地。
父親珍貴的房屋，
如今荒涼又陰鬱，
我不禁常常逃離，
藏在陰暗的林裡。
在濃郁的樹蔭中，

我忘掉一切不幸，
在恬然的睡夢中，
我的心恢復平寧。
玫瑰和雲雀婉轉鳴叫，
顯示青春的舒暢歡樂，
橡樹林催眠了我，
我在樹蔭下躺著。

獻給陌生的神

有一次，正要繼續啟程，
投出眺望的目光，
我孤獨地高舉雙手，

舉向你，我也逃向你，
在我心靈的深處，
為你築一座莊嚴的祭壇，
每一年每一天，
你的聲音在向我呼喊。
祭壇上燃燒著最刻骨的一句話：
獻給陌生的神。
我屬於他，
儘管直到此時我仍然背負褻瀆者的惡名：
我屬於他，
我感覺到那個圈套把我束縛在戰鬥裡，
可是即使能逃出去，

我仍不得不被他使喚。
我願結識你，陌生的神，
我的心已被你牢牢俘獲，
我的生命就像飄忽的風，
你不可提供，我的親人！
我願結識你，甚至侍奉你。

醉歌

人啊，傾聽吧！
傾聽深邃午夜之聲：
「我睡了，我睡了，
我從深邃的夢裡醒來：

世界原來如此深沉，
比白天想像的深沉。
它的痛苦如此深沉，
而快樂比憂傷更深；
痛苦說：你滾！
但一切快樂都追求永恆，
追求深邃的、深邃的永恆！」

在朋友中

（選自《人性的，太人性的》第一卷）

1

一起沉默很好，
一起歡笑卻更好，——
頭頂著如絲般的天空，
身下是苔蘚和書冊，
和朋友一起笑得歡暢，
又露出潔白的牙齒。
我作得好，我們就願一言不發；
我作得差——我們就想笑就笑，
而且作得越來越差，

作得那麼差，笑得那麼差，
最後往墳墓裡一跳。
朋友！沒錯！真的可以這樣？
阿門！明天見！

2

不要原諒！不要饒恕！
請把心靈的自由和歡呼，
給這本愚蠢的書，
給它耳朵和心，給它安身之地！
相信我，朋友，
我的粗魯愚蠢不會讓我被懲罰和受罪！
我何所求，我何所需——

能有什麼在這書裡？
向我身上的傻瓜致敬！
向這本愚蠢的書學習
理性如何達到「冷靜」！
朋友，真的可以這樣？
阿門！明天見！

致憂鬱

不要因此將我責備，憂鬱女神，
假如我削尖筆要把妳高聲讚美，
讚美著妳，彎腰低頭，
孤獨地坐著一段樹墩。

妳時常見我，尤其昨日，
在上午一束灼熱的陽光裡：
兀鷹飢餓地叫著衝向山澗，
牠夢到枯木樁上野獸的屍體。
你弄錯了，猛禽，
儘管我像極了木乃伊靜靜地在我的底座上休息！
你不見那眼睛，
它正喜滋滋地四處眺望，引以為傲興致高昂。
但是當它沒有隨你升上高空，
卻為最遙遠的雲波全神貫注，
它那麼深地沉溺，
在自身中如閃電般把存在的深淵照亮。

我時常這樣坐在深深的荒漠之中，
醜陋地蜷曲，像被用來獻祭的野人，
想念著妳，憂鬱女神，
一個懺悔的人，哪怕在年輕之時！
我如此而坐，為兀鷹的展翅陶醉
以及滾滾雪崩的轟響如雷，
妳與我說話，不染人類的欺瞞，
那樣真誠，卻又面目嚴酷。
妳，心如鐵石的莊嚴女神，
讓愛在我身旁現身；
妳威脅著指給我看兀鷹的爪跡，
以及雪崩要毀滅我的想法。

周圍瀰漫著咄咄逼人的殺氣：
逼迫自己生存，這痛苦的願望！
在堅硬的石堆上發揮魅力，
花兒正在那裡夢想著蝴蝶。
我是這一切——我發著抖領悟——
被魅惑的蝴蝶，孤獨的花枝，
兀鷹和陡峭的冰川，
風暴的怒號——全部都是妳的榮光，
妳，憤怒的女神，我向妳深深鞠躬，
彎腰低頭，哼唱那可怕的頌歌，
只是妳的榮光，當我毫不屈服渴望著生存，
生存，生存！

不要因此將我責備，憤怒的女神，
假如我用韻律為妳精心打扮。
妳靠近誰，誰就發抖，露出驚容，
妳的怒掌碰到誰，誰就震動。
而我在這裡發著抖不停歌唱，
而我在有節律的形式裡震動；
墨水肆意而流，筆尖傾訴不停——
現在啊女神，請讓我——讓我自行其是。

友誼頌

（殘詩兩首）

1

友誼女神，請賜予恩澤聽聽，
我們正在唱友誼之歌！
朋友的眼睛向哪裡張望，
哪裡就充滿友誼的快樂：

幸運眷顧我們的是，
那含情脈脈看來的拂曉的天色，
和忠誠擔保永保青春的神聖法則。

2

晨光消逝了，
而正午用灼熱的眼光把頭腦折磨；
讓我們藏進涼亭裡，
逍遙在友誼之歌裡，
那人生的絢爛朝霞，
又會是我們燦爛的夕光……

流浪的人

一個流浪的人整夜疾行，
邁開的腳步那麼堅定；
陪伴他的是——

連綿的高原和曲折的谷峰。
夜色如此美麗——
但他大步向前，一刻不停，
不知道他的路向哪裡通行。
「一隻鳥兒整夜歌唱：
鳥兒啊，你何必如此！
你何必要把我的心和腳阻擋，
把甜蜜的隱衷和煩惱對我訴說，
使我不得不停下，
不得不凝聽——
你何必要用歌和問候誘惑騷擾我？」——
可愛的鳥兒悄悄辯護：

「不，流浪的人，我的歌並非，
並非在招引你——
我在招引我那高原的情人——
這和你有關嗎？
我不能孤獨地欣賞夜的美景。
這和你有關嗎？因為你非要疾行於夜，
而且永永遠遠不能暫停！
你為什麼還在佇立？
我的嗚囀對你有什麼害處，
你這流浪的人？」
可愛的鳥兒悄悄思索：
「我的嗚囀對他有什麼害處？

他為什麼還在佇立？
這可憐、可憐兮兮的流浪的人！」

在冰河邊

正午的驕陽，
剛剛爬上山頭，
男孩睜著疲倦而熱切的眼；
他喃喃地胡言亂語，
我們便無奈地隨他胡言亂語。
他喘得很急，像病人那樣急，
在發燒的夜裡。
冰峰、冷杉和清泉和他對答，

我們便眼睜睜地看他們對答。
瀑布從險峻的岩石躍下，
前來道一聲安好，
突然站住猶如顫抖的銀柱，
焦急地看來看去。
冷杉還一如平常，
沉鬱悲涼地佇望，
而在堅冰和僵死的長石之間，
突然閃出光亮——
我見過這光亮，它讓我想起——
死者的眼眸，
迴光返照地一閃，

當他的孩子滿懷憂傷，
擁抱著屍體親吻；
他僵死的眼睛，
迴光返照地一閃，
射出熾烈的火焰：「孩子！
孩子啊，你知道，我愛你！」——
於是，一切都被燒紅——
冰山、河流和冷杉——
它們的眼神重複著：
「我們愛你！
孩子啊，你知道，我們愛你，愛你！」——
而他，

男孩睜著疲倦而熱切的眼。
滿懷憂傷地，將它們親吻，
熱烈地一吻再吻，
依依不捨地；
從他的嘴唇，
吐出細若游絲般的話語，
那不祥的話語：
「當我慰問便是告別，
當我到來便是消失，
當我青春便是在死去。」
萬物都在靜靜聽著，
沒有一絲一毫呼吸；

鳥兒不再吱吱鳴叫。
山峰瑟縮不停顫慄，
猶如一束寒冷的光。
萬物都在沉思——
和靜靜沉默——
正午，
正午的驕陽，
剛剛爬上山頭，
男孩睜著疲倦而熱切的眼。

秋

秋天來了，讓人心碎！
飄然遠去！飄然遠去！——
太陽偷偷爬上山嶺，
上升啊上升，
一步一停歇。
世界是多麼凋敝！
在快要繃斷的弦上，
風兒彈奏它的歌。
對著逃跑的希望——
悲傷嘆息低聲哭泣。
秋天來了，讓人心碎！

飄然遠去！飄然遠去！——
樹上的果實啊，
你可在顫抖、掉落？
黑夜跟你說了一個什麼祕密，
把寒慄罩上你的臉龐，
那緋紅的臉龐？——
你不願回應？
那誰在發聲？——
秋天來了，讓人心碎！
飄然遠去！飄然遠去！——
「我並不美麗，」
說話的是繁星花，

「但我愛著人類，
只為寬慰人類——
願他們現在還能欣賞花朵，
臣服於我，
唉！又摘下我——
然後在他們眼中會點亮那回憶，
對那比我更美的花朵的回憶：
——我看著，看著——就此死去。」
秋天來了，讓人心碎！
飄然遠去！飄然遠去！——

斯塔格里諾的神聖廣場

哦，少女，
輕輕地給小羊梳弄著軟毛的少女，
清澈純淨的眼眸中，
一對小火花燃燒的少女，
妳是惹人喜愛的小東西，
妳是萬眾寵愛的小寶貝，
心兒那麼虔誠那麼甜蜜，
最親愛的！
為什麼早早扯掉項鏈？
是不是有人讓妳傷心？
是誰懷戀著妳，

卻又對妳薄情？——
妳不言不語——
但是那淚水掛在妳柔美的眼角邊依依不捨——
妳不言不語——
為伊消得人憔悴，
最親愛的！

「天使號」小雙桅船

人們都叫我小天使——
現在是艘船，以後是少女，
哎，永永遠遠是少女！
我那精巧的小舵盤，

為愛情轉得多快意。
人們都叫我小天使——
一百面小旗為我化妝，
那個英俊的小船長，
站在艙前多麼神氣，
活像第一百零一面小旗飄來飄去。
人們都叫我小天使——
哪裡為我把火燃起，
我就駛向哪裡，像隻小羊，
急急忙忙地趕著路：
我這隻小羊一向都如此。
人們都叫我小天使——

你愛信不信，像隻小狗，
我會汪汪地不停口，
噴出火焰和蒸汽，
哎，我的小嘴就是個魔王！
人們都叫我小天使——
說話刻薄又瘋癲，
把我的小情人都嚇壞了，
逃到何處杳無音訊，
真的，他因為我的惡語丟了命！
人們都叫我小天使——
觸礁也從來不沉船，
一根肋骨沒碰傷過，

可愛靈魂會消災禍，
真的，就靠那根肋骨消災禍！
人們都叫我小天使——
現在是艘船，以後是少女，
哎，永永遠遠是少女！
我那精巧的小舵盤，
為愛情轉得多快意。

虔誠的，令人痴醉的，最親愛的

我愛你，墓坑！
我愛你，大理石上的謊言！
你們讓我的靈魂可笑，

肆意地嘲笑貶低。
但今天——我哭著站在這裡，
任我的淚水長流不息。
你的面前，你石頭中靚麗身姿，
你的面前，你石頭上哀傷詞句。
而且——沒人必須知道——
這倩影——我熱烈地吻它。
徹徹底底地吻了：
什麼時候開始人竟然吻——聲音？
這裡面的道理有誰明瞭？
怎麼？我是墓碑上的小丑！
因為，我承認，
甚至那冗長的碑銘我也吻了一口。

友情

你神聖的，友情！
我的最高希望的，
第一線拂曉之光！
啊，在我面前狹窄小路和黑夜好像沒有盡頭，
這整個人生，
好像荒唐得離譜又面目可憎！
但我願再次降臨，
當我從妳的眼裡看到晨光和勝利，
妳最親愛的女神！

致理想

我愛誰如愛你一般，迷人的幻影！
我把你招至身旁，藏在心中——
此後就像我成了幻影，你有了血肉。
但因為我的眼睛無拘無束，
只習慣觀看身外之物：
於是你一直是它永恆的「反對者」。
唉，這眼睛置我於我自己之外！

松和閃電

我在超越人與獸地成長：
我說話——無人應答。

我長得那麼孤獨而高大——
我等待著：等的人是誰？
我的身邊是雲的天國，——
我為最早的閃電等著。

幸福

幸福，哦，幸福，你最美麗的獵物！
永遠看得見卻得不到，
永遠肯定明天卻否定今天——
對你而言你的獵人是否都太幼稚？
你其實可是通往罪惡的僻靜小路，
所有罪惡之中，
最迷人的犯罪？

雷聲隆隆吼在天空

雷聲隆隆吼在天空，
連綿的雨滴滴答答：
迂腐的讀書人一早就嘮叨，
卻無法把他的嘴巴堵住。
白晝剛剛向我的窗戶斜瞟，
就傳來一聲聲祈禱！
嘮嘮叨叨沒完沒了地說教，
難道萬物都那麼虛榮！

白晝靜息了

白晝靜靜休息，幸福和光明也靜靜休息，

中午已經在遠方了。
還要多久，將那月、星、風、霜迎到？
如今我已不必長久地徘徊了，
它們已經從樹上透出果實的清香。

同情歸去來

答覆

上帝真可憐！
它以為我是不捨離去德意志的溫暖，
沉悶的德意志家庭樂趣！
我的朋友，我之所以不得不留在這裡，
是為了你的理解，

為了同情你！
為了同情德意志的誤會！

威尼斯

褐色的夜，
我在橋頭佇立，
歌聲遠遠飄來：
金色的雨點，
在顫動的睡眠上濺起、流動。
遊船，燈光，音樂——
醉醺醺地在朦朧中來回走動……
我的心弦被無形地撥動了，
把一首船歌悄悄彈奏，

在絢爛的歡樂前顫慄。
——你們誰聽見了……

絕望

我的心最無法忍受的是，
與吐痰的傢伙待在一起！
我已起跑，可跑到哪去？
要不要縱身跳進波濤裡？
不斷地把一切臭嘴撅起，
把一切喉嚨清漱，
不斷地把牆壁和地板濺髒——
該詛咒的唾液特質的靈魂！
我寧願將就這簡陋條件

像鳥兒一樣在屋頂居住，
我寧願與盜賊土匪並列，
生存在各種低賤的人群！
詛咒教養，只要它吐痰！
詛咒一打打的德行！
最純粹的靈性忍受不了，
臭嘴吐出的黃金。

決定

要有智慧，因為這是我高興，
而不是為了混個名聲。
我讚美上帝，因為上帝創世，
創得多麼愚蠢。

而當我走著自己的路，
走得多麼曲折——
於是智者因此開始，
傻瓜卻——因此停止。

最孤獨者

現在，白天厭煩了白天，
小溪又開始淙淙地唱歌，
撫慰那一切的渴望，
天空懸掛在黃金的蛛網裡，
低聲對每個疲倦者說：「休息吧！」——
憂鬱的心啊，你怎麼不肯休息，
是什麼扎得你雙腳流血地奔逃……

你到底期盼著什麼？

最後的意願

這樣死去，
像我曾目睹的友人之死——
他把閃電和眼光，
神奇地投向我陰鬱的青春：
恣意而沉穩，
一位在戰場上舞蹈的人——
戰鬥者中最快樂的，
勝利者中最沉痛的，
在他的命運之上樹立一個命運，
堅強，沉思，謹慎——

為他的勝利而顫抖著，
為他勝利時的死而歡呼著——
他死去時仍在指揮——
他指揮人們去破壞……
這樣死去，
就像我曾目睹的他的死：
邊勝利，邊破壞……

日落

1

你不用長久地乾渴了，
燃燒的心！

這承諾在空氣裡，
頻繁地從陌生的嘴裡向我吹來，
——巨大的涼爽正在路上……
我正午的烈日當空照著：
歡迎你們，正在趕來的，
陣陣勁風，
午後清涼的靈魂！
空氣神奇而乾淨地流逝。
黑夜難道不是用斜著的媚眼來勾引我？
堅強點，我那勇敢的心！
沒必要問：為了什麼事？——

2

我人生的歲月！
太陽向西邊落下。
平坦的水面上，
鍍了一層黃金。
岩石暖融融的：
也許中午時分，
幸福曾在上面打瞌睡？
如今綠光搖搖晃晃，
幸福仍在棕黃的深淵上嬉戲。
我人生的歲月！
黃昏已經來了。

你半閉的眼睛，
已經火燒般的紅，
你露水的淚珠，
已經潔淨晶瑩，
你的愛情的彩霞，
你遲來的臨終幸福和快樂，
已在白茫茫的海上靜靜移動……

3

來吧，金色的歡暢！
死亡的，
最祕密最甜美的享受！
——我走路難道走得太快？

如今，當雙腳已經疲倦，
你的目光才來迎接我，
你的幸福才來迎接我。
四周只有波浪和戲弄。
以往的苦難，
沉入藍色的遺忘之中，
我的小船如今悠閒地停著。
風暴和航行——怎麼都忘了！
心願和希望都已經沉沒，
靈魂和海洋平靜地躺著。
第七重孤寂！
我從未感到，

更真切的甜美的安逸，
更溫暖的太陽的注視。
——我峰頂的積水尚未燒紅嗎？
銀光閃爍，輕盈，像一條魚，
我的小船正在飄然而去……

箴言卷

達到自己理想的人，也就因此而超越了理想。

▼真正的教師認真對待各種事情——甚至認真對待自己——不過只是認真對待與學生有關的那些事情。

▼「為知識而知識」——這是道德設下的最後一個陷阱：我們因此再一次與道德糾纏在一起。

▼若不是在通向知識的道路上，有如此多的羞愧要加以克服，知識的魅力便會很小。

▼一個人任憑自己墮落，任憑自己被掠奪、被欺騙、被利用或許是缺乏自信的表現。

▼只愛一個人，是一種野蠻的行為，因為這會犧牲所有其他人。只愛上帝亦是如！

▼「這是我作的。」我的記憶說。「我怎麼會作出這種事呢？」我的矜持說，並堅持不退讓。最終——還是記憶退讓了。

▼如果人們未能看到那隻手——那雙溫和地殺人之手，那就是對生命漠不關心。

▼如果一個人有好品德，那他也就有典型的人生經歷。情況總是這樣的。

▼造就偉人的。不是高尚感情的強度，而是高尚感情的持續時間。

▼達到自己理想的人，也就因此而超越了理想。

▼許多孔雀藏起尾巴，不讓人看見——這就是孔雀的矜持。

▼有天才的人，若除了天才之外不具有以下兩者，即感恩和純潔，那就令人無法忍受。

▼一個人好色的程度和本性，往往延伸至其精神的極點。

▼在和平條件下，好鬥者會自己攻打自己。

▼一個人在本性的驅使下，會力圖控制自己的習慣，或竭力為自己的習慣辯

護，或尊重、責備、掩蓋自己的習慣。具有相同本性的兩個人，很可能會追求根本不同的目標。

▼鄙薄自己的人，卻因此而作為鄙薄者尊重自己。

▼一個人知道別人愛自己，可自己卻不愛別人，便暴露出了沉澱物：於是沉渣泛起。

▼一件事情得到了解釋，也就與我們無關了。——上帝勸告我們：「了解你自己！」這究竟是什麼意思？意思也許是：「別再關心你自己了！要客觀而不帶偏見！」——變成蘇格拉底？——變成「科學家」？

▼在大海上渴死非常可怕的。過於吹噓真理的價值，真理就不再——止渴了，有必要這樣做嗎？

▼「同情所有人」——便會對我的好鄰居苛刻而暴虐！

▼本能。——房子著火，連午飯都會忘記吃。——是的，可是卻會在灰燼上補吃。

▼女人忘記如何嫵媚動人的速度越快，學會憎恨他人的速度也就越快。

▼男人與女人的感情是相同的，但進入和擺脫感情的速度不一樣；因此，男人和女人總是相互誤解。

▼女人有針對某個人的虛榮心，可是，卻有並非針對某個人的蔑視——蔑視「女人」。

▼受束縛的心靈，自由精神——當一個人緊緊束縛自己的心靈，囚禁自己的心靈時，會任憑自己的思想享有許多自由：我以前曾說過這一點。但我這樣說人們不會相信，除非人們有親身的體驗。

▼很聰明的人不知所措時，人們便開始不相信他們。

▼可怕的經歷提出這樣一個問題：有這種經歷的人是不是也是可怕的。

▼心情沉重、鬱鬱寡歡的人，恰恰會由於使他人心情沉重的東西——恨和愛，而變得心情輕鬆些，臉上暫時有些表情。

▼這麼冷淡，這麼冷冰冰的，但一碰到他卻會吃苦頭！抓住他的每一隻手，會咻地縮回來！——正是由於這一個原因，許多人認為他是熾熱的。

▼誰沒有為了博得好名聲委屈過自己？

▼和藹謙恭時，男人一點也不招人恨，可是正因為如此，男人太叫人瞧不起了。

▼男人的成熟——意味著重新獲得兒時玩耍時的那種一本正經勁兒。

▼對自己的不道德感到羞愧，便邁上了一級梯子，登上梯子的頂端，會對自己的道德也感到羞愧。

▼什麼？偉人？我看到的只是盡力實現自己理想的演員。

▼訓練自己的良心時，它既吻我們，也咬我們。

▼失望者說。——「我傾聽迴響，可聽到的只是讚揚。」

▼大家都裝出一副老實淳樸的樣子：於是人人放鬆了對朋友的警惕。

▼眼光敏銳的人，很可能認為自己是在賦予上帝以動物性。

▼性格堅強的一個跡象是，一旦下了決心，即使對最有說服力的反對意見，也充耳不聞。因而又是一意孤行地要做蠢事。

▼根本沒有道德現象這種東西，只有對現象的道德解釋。

▼罪犯常常與其罪行不符：他總是為罪行開脫，為自己的所作所為百般辯解。

▼我們的虛榮心很難受到傷害，而我們的自尊心卻易於受到傷害。

▼「你想要他對你有好感嗎？那你必須在他面前顯得局促不安。」

- 對性愛的巨大期望，以及在這種期望之中表現出的羞怯，會在一開始就歪曲對女人的全部看法。
- 既不懂得愛，也不懂得恨，這樣的女人是平庸的。
- 我們生活的偉大時代是這樣的時刻，我們獲得勇氣，把我們內在的惡重新命名為我們內心的至善。
- 克服一種感情的意志，最終只是另一種感情或另外若干種感情的意志。
- 有人不知道讚美為何物：一個人若尚未想到自己有一天會被人讚美，他就不知道讚美為何物。
- 我們太厭惡骯髒了。竟忘記了把我們自己弄乾淨——忘記為我們自己辯護。
- 肉慾常常迫使愛情生長過快，致使根扎得不牢，很容易拔起。
- 受到讚揚而表示高興，在許多情況下，僅僅是表示禮貌—與精神空虛正相反。

▼當我們不得不改變有關某個人的看法時，我們把由此而帶來的麻煩，重重地記在他的帳上。

▼你想讓人了解的真理越抽象，你就必須把越多的感官吸引到真理那裡。

▼魔鬼對上帝了解得更透澈：因而他對上帝敬而遠之——魔鬼實際上是知識最老的朋友。

▼某人江郎才盡，無法再顯示自己能做什麼時，便開始暴露出他是什麼樣的人。才能也是一種裝飾；裝飾也是一種掩蓋。

▼兩性總是相互欺騙：原因是他們實際上只尊重和喜愛自己（或者說得好聽些，只尊重和喜愛自己想像中的事物）。男人希望女人溫和，但實際上女人像貓一樣，從本質上說是不溫和的，不管她外表裝得多麼溫和。

▼人常常因美德而受到最嚴厲的懲罰。

▼無法實現自己理想的人，比沒有理想的人過得更沒有意義，更加寡廉鮮恥。

▼由感覺產生一切信任，一切坦然的心境，一切真理的證據。

▼偽善並不是好人的墮落，反而在很大程度上，是做好人的一個必要條件。

▼一個人為自己的思想尋找助產士，另一個人尋找要幫忙的人。由此便會產生有益的交談。

▼與學者和藝術家交往，人們很容易錯誤估計到相反的方向上去：常發覺一個傑出的學者是個平庸的人，而一個平庸的藝術家卻是個非常傑出的人。

▼我們醒著的時候和做夢的時候，所做的事情是一樣的：我們只是虛構和想像出與之交往的人——然後立即忘掉他。

▼在報復和戀愛方面，女人比男人野蠻。

▼要填飽肚子，是人不能那麼容易地把自己看作上帝的原因。

▼我聽到過的最純潔的話乃是：「在真正的愛情中，靈魂裹住肉體。」

▼我們的虛榮心，希望我們盡最大努力成為我們難以成為的那種人。——這關乎許多道德體系的起源。

▼如果一個女人喜歡做學問，那她一般說來，在性的方面就有點毛病。不孕本身會在某種程度上導致趣味的男性化；恕我直言，男人實際上就是「不孕動物」。

▼將男人和女人泛泛地做一番比較，便可以說，女人如果沒有做配角的本能，就不會有裝飾打扮的天才。

▼與怪獸搏鬥的人要謹防自己因此而變成怪獸。如果你長時間地盯著深淵，深淵也會盯著你。

▼誘使鄰居對自己有好看法，隨後便暗中相信鄰居的這種看法——有誰能比女人這麼巧妙地玩魔術呢？

▼擁有一種才能是不夠的，還必須得到你們的批准，方可擁有這種才能；——朋友們，是吧？

▼由於愛所做的事情，總是發生在善惡的彼岸。

▼不喜歡，躲避，歡快地表示不相信，愛諷刺挖苦，是健康的象徵；一切不受限制的事物都屬於病理學。

▼悲劇隨著感官敏感程度而增減。

▼瘋狂就個人而言是少見的，但就集團、政黨、國家和時代而言，卻屢見不鮮。

▼自殺的念頭是一種巨大的安慰：人們藉此安然度過許多不眠之夜。

▼不僅是我們的理性，而且我們的良知也屈從於我們最強烈的衝動——我們內心的這個暴君。

▼人把知識傳授給他人後，就不再那麼熱愛知識了。

▼ 詩人對自己的經歷表現得很無恥——對其加以肆無忌憚的利用。

▼ 愛情將談情說愛者的隱蔽的高尚品格——難得的好品格暴露出來，因為很容易使人對他的一般品格產生誤解。

▼ 從每個政黨的觀點看。牧羊人總是需要一隻繫鈴領頭羊，否則，他有時就得充當領頭羊。

▼ 人確實可以張嘴說瞎話，但是，臉上所帶的不自然表情，卻會露出真相。

▼ 對充滿活力的人來說，卿卿我我是叫人感到羞恥的事——是某種貴重的東西。

▼ 喋喋不休地談論自己，也可能是掩蓋自己的一種手段。

▼ 讚揚比責備有更多的強加於人的成分。

▼一個人偶爾會出於對人類的愛而擁抱某個人（因為一個人不能擁抱所有人）；但這一點絕不應告訴被擁抱的人。

▼對於被輕視的對象，人們不會表示憎恨，只是對於與自己地位相等，或地位高於自己的人，才會表示憎恨。

▼人最終喜愛的是自己的欲望，不是自己想要的東西。

▼其他人的虛榮心只有在和我們的虛榮心相反時，才令我們反感。

▼關於什麼是「誠實」，或許至今誰都不夠誠實。

▼人們不相信聰明人會做蠢事：人的權利竟喪失到了如此地步！

▼我們所作所為的後果，一股腦兒扣在我們的頭上，而對我們在此期間的「改過自新」漠不關心。

▼說謊是無辜的，因為說謊是對一項事業充滿信心的象徵。

▼一個人遭難時而祈神賜福於他，是沒有人性的。

▼與上司關係親密的會使人有苦難言，因為可能得不到回報。

▼「我感到難受，不是因為你欺騙了我，而是因為我不能再相信你了。」

▼親切有時透著傲慢，令人感到不快。

▼「我不喜歡他。」——為什麼？——「我比不過他。」——有誰這樣回答過嗎？

附錄　生平與評價

尼采年表

一八四四年

十月十五日誕生於普魯士薩克森州（Sachsen）的洛肯鎮（Röcken）。好幾代的祖父與父親皆為路德教派的牧師。

一八四九年

五歲七月三十日，父親因腦軟化症病逝。

一八五〇年

六歲舉家遷往塞爾河畔的南姆堡（Naumburg）。

一八五八年

十四歲十月起，在南姆堡近郊普爾塔高等學校讀書。

一八六四年

二十歲十月，進波昂大學，修習神學與古典文獻學。

一八六五年

二十一歲十月，轉入萊比錫大學。初次獲讀叔本華的著作《作為意志與表象的世界》。

一八六六年

二十二歲開始與李契門下厄爾溫．羅德（Erwin Rohde）來往。

一八六七年

二十三歲十月，被徵召入南姆堡砲兵聯隊。從馬上摔下，胸骨受重傷。

一八六八年

二十四歲四月，因傷退伍。十一月八日初識華格納。

一八六九年

二十五歲二月，受聘巴塞爾大學，擔任古典文獻學的額外教授。四月，脫離普魯士國籍，成為瑞士人。五月十七日初次訪問琉森（Luzern）近郊托里普森的華格納家。五月二十八日在巴塞爾大學發表就任演說，講題為「荷馬與古典文學」。結識布克哈特（Jacob Buckchardt）。

一八七〇年

二十六歲三月，升為正教授。八月，普法戰爭爆發，志願從軍擔任衛生兵。罹赤痢與白喉。十月退伍，返巴塞爾大學。與神學家奧瓦貝克（Franz Overbeck）開始往來。

一八七一年

二十七歲執筆《悲劇的誕生》。

一八七二年

二十八歲一月，出版《悲劇的誕生》。二月至三月，在巴塞爾大學演講，發表《德國教育設施之前瞻》（歿後作為遺著初次出版）。四月華格納家遷離托里普森。五月在貝魯特祭劇場的開工典禮上，與華格納重晤。

一八七三年

二十九歲《不合時宜的考察》第一篇出版。發表《希臘悲劇時代的哲學》中之部分文字（歿後作為遺稿初次出版）。

一八七四年

三十歲發表《不合時宜的考察》第二篇、第三篇。初讀法國作家司湯達的小說《紅與黑》，如受電擊。

一八七五年

三十一歲十月，初識音樂家彼得．卡斯特。

一八七六年

三十二歲七月，《不合時宜的考察》第四篇出版。八月，貝魯特劇場演出第一次祝祭劇。九月，與心理學家保羅．李（Paul Rée）相識，病況惡化。因病，巴塞爾大學課程請假休講。冬，與保羅．李及梅森伯格同住於索特林。十至十一月在索特林與華格納作最後的晤談。撰寫了《人性，太人性的》最初的備忘錄。

一八七七年

三十三歲九月，回巴塞爾，復於大學授課。

一八七八年

三十四歲與華格納的友誼關係終結。一月三日華格納贈送《帕西法爾》(*Parsifal*)一書。五月《人性，太人性的》第一篇出版，致華格納最後一封信，附《人性，太人性的》贈書一冊。

一八七九年

三十五歲重病。辭去巴塞爾大學教席。《人性，太人性的》第二篇上半部出版。

一八八〇年

三十六歲發表〈漂泊者及其影子〉，後來作為《人性，太人性的》第二篇下半部分出版。春天，初抵日內瓦，十月，在日內瓦過冬。

一八八一年

三十七歲一月完成《曙光》，六月出版，七月在錫爾斯馬麗亞過夏，八月，孕育了「永恆之流」的思想。十一月二十七日，在日內瓦初次聆賞比才的《卡門》。

一八八一至一八八二年

三十七至三十八歲執筆《快樂的科學》並於同年出版。

一八八二至一八八八年

三十八至四十四歲對一切的價值作價值轉換的嘗試。

一八八二年

三十八歲三月，至西西里旅行。四月開始與露·莎樂美交際。五月，完成《快樂的科學》(*Diefroliche Wissenschaft*)，並出版。十一月以後，在拉伯羅過冬。

一八八三年

三十九歲二月，華格納病逝。執筆撰寫《查拉圖斯特拉如是說》第一部，六月，出版。七月，執筆《查拉圖斯特拉如是說》第二部。十二月，在尼斯過冬。

一八八四年

四十歲一月，在威尼斯，執筆撰寫《查拉圖斯特拉如是說》第三部。八月斯泰因訪尼采。十一月起執筆《查拉圖斯特拉如是說》第四部（一八八五年私人出版），讀杜思妥也夫斯基的小說《罪與罰》，深深感動。

一八八五年

四十一歲執筆《善與惡的超越》。

一八八六年

四十歲五至六月，在萊比錫與厄爾溫．羅德做最後一次之晤面。七月，《善與惡的超越》出版。

一八八六年

四十三歲七月，完成《道德譜系學》，十一月，私人出版。十一月十一日，致厄爾溫．羅德最後一封信。

一八八八年

四十四歲一月，因丹麥文藝史家布蘭斯的介紹始知有齊克果其人。四月，第一次住在托里諾（Torio）。布蘭德斯在哥本哈根大學開「德國哲學家弗里德里希．尼采講座」。五至八月執筆《華格納事件》，九月出版，《戴奧尼索斯之頌》脫稿。八至九月撰寫《偶像的黃昏》（一八八九年出版）。九月，撰寫完《反基督》，十至十一月撰寫《瞧！這個人》，十二月撰寫《尼采反對華格納》、《心理學家的公文書》，死後收入全集中出版。

一八八九年

四十五歲一月初旬，在托里諾遭到最後的打擊，患了嚴重的中風。出現精神分裂現象，被送進耶拿大學醫院精神科，母親趕來照顧。

一八九七年

五十三歲復活節，母親病逝。與妹移居威瑪（Weimar），由其妹朝夕看護。

一九〇〇年

五十六歲八月二十五日在威瑪嚥下最後一口氣息，八月二十八日葬於故鄉洛肯鎮。死後與柏拉圖、亞里斯多德、史賓諾沙、康德、叔本華、黑格爾並列為世界哲學史上不朽的思想家。

羅素對尼采的評價

尼采（Nietzsche，西元一八四四至一九〇〇年）自認為是叔本華的後繼者，這是對的；然而他在許多地方都勝過了叔本華，特別在他的學說的前後一貫、條理分明上。叔本華的東方式絕念倫理與他的意志全能的形而上學似乎是不調和的；在尼采看來，意志不但在形而上學上居第一位，在倫理上也居第一位。尼采雖然是個教授，卻是文藝性的哲學家，不算學院哲學家。他在本體論或認識論方面沒創造任何新的專門理論；他之重要首先是在倫理學方面，其次是因為他是一個敏銳的歷史批評家。下面我差不多完全限於談他的倫理學和他對宗教的批評，因為正是他的著作的這一面使他有了影響。

他生平簡單。他父親是一個新教牧師，他的教養有極濃的宗教色彩。他在大學裡以研究古典和語言學才華出眾，甚至在一八六九年他尚未取得學位以前，巴塞爾大學就提出給他一個語言學教授的職位，他接受了這個職位。他的健康情況從來不佳，在休過若干時期的病假之後，他終於在一八七九年不得不退職。此後，他住在瑞士和義大利；一八八八年他精神失常了，到死一直如此。他對華格納懷著熱烈的景仰，但是又跟他起了爭論，名義上爭論的是《帕西法爾》，因為尼采認為《帕西法爾》基督教氣味太重、太充滿絕念精神了。在這次爭論之後，他對華格納大肆非難，甚至於竟指責他是猶太人。不過，他的一般看法和華格納在《尼伯龍根的指環》裡表露的一般看法依舊非常相像；尼采的超人酷似齊格菲，只不過他是懂希臘文的。這點或許彷彿很古怪，但是罪不在我。

尼采在自覺上並不是浪漫主義者；確實，他對浪漫主義者常常有嚴厲的批評。在自覺上，他的看法是希臘式的，但是略去了奧爾弗斯教義成分。他佩服蘇格拉底以前的哲學家們，畢達哥拉斯除外。他與赫拉克利特的思想有密切的親緣關係。亞里斯多德講的「雅量人」非常像尼采所謂的「高貴人」，但是大體上說他認為自蘇格拉底以下的希臘哲學家們都比不了他們的前輩。他無法寬恕蘇格拉底出身卑賤；他把他稱作「roturier（平民）」，並且斥責他以一種民主的道德偏見敗壞雅典的貴族青年。尤其是柏拉圖，由於他對教化的興趣而受到尼采的譴責。不過尼采顯然不十分高興譴責他，所以為了原諒他，又暗示或許他並非真心實意，只是把美德當作使下層階級守秩序的手段來提倡罷了。尼采有一回把柏拉圖說成是個「了不起的卡留斯特羅」。他喜歡德謨克利特和伊壁鳩魯，可是他對後者的愛慕如果不解釋成其實是對盧克萊修的景仰，似乎有些不合道理。

可能預料得到，他對康德評價很低，他把他叫做「àlaRousseau（盧梭式的）道德狂熱者」。

儘管尼采批評浪漫主義者，他的見解有許多倒是從浪漫主義者來的；他的見解和拜倫的見解一樣，是一種貴族無政府主義的見解，所以我們看到他讚美拜倫是不感詫異的。他打算一人兼有兩組不容易調和的價值：一方面他喜歡無情、戰爭和貴族的高傲；另一方面他又愛好哲學、文學和藝術，尤其愛好音樂。從歷史上看，這些種價值在文藝復興時期曾經是共存的；尤里烏斯二世教皇既為勃羅納而戰，又任用米開朗基羅，他或許可以當作尼采希望看到掌握政權的那種人。尼采和馬基維利這兩人儘管有一些重要差別，拿尼采來跟馬基維利相比是很自然的。尼采談到差別：馬基維利是個辦理實際事務的人，他的意見是由於和公務密切接觸而形成的，與他的時代是協調的；他不迂闊，也不成體系，他的政治哲學簡直不構成連貫的整體。反之，尼采是大學教授，根本上是個書齋人物，是一個與當時彷彿占優勢的政治、倫理潮流有意識對立的哲學家。然而兩人的相似點更深一層。尼采的政治哲學和《邦主鑑》（非《羅馬史論》）裡的政治哲學是類似的，固然是詳細完成了，應用到較廣的範圍。尼采和馬基維利都持有一種講求權力、存心反基督教的倫理觀，固然在這方面尼采更為坦率。拿破崙對於尼采說來，就相當於凱薩·波吉亞對於馬基維利：一個讓藐小的敵手擊敗的偉人。

尼采對各派宗教及哲學的批評，完全受著倫理上的動機的主使。他讚美他認為（這或許正確）在身為貴族的少數者才可能有的某種品格；依他的意見，多數者應當只是極少數人完成優越性的手段，不可認為他們有要求幸福或福利的獨立權利。他提起普通人，習慣上稱作「粗製濫造的」，假如他們的受苦受難對產生偉人是必需的，他認為這件事就無可反對。因而，從一七八九年到一八一五年這段時期的全部重要性都在拿破崙身上得到總結：「法國大革命使拿破崙得以出現，這就是它的正當理由。假使我們的全部文明混亂崩潰的結果會是這種報償，我們便應該希求混亂崩潰。拿破崙使民族主義得以實現，這即是後者的理由。」他說，本世紀裡差不多一切遠大的希望都來自拿破崙。

他愛以逆理悖論的方式發表意見，目的是要讓守舊的讀者們震驚。他的做法是，按照通常含義來使用「善」、「惡」二字，然後講他是喜歡「惡」而不喜歡「善」的。他的《善惡的彼岸》(*Beyond Good and Evil*) 這本書，實際上旨在改變讀者關於善和惡的看法，但是除有些時候而外，它卻自稱是歌頌「惡」而貶斥「善」的。例如，他說把追求善勝利、惡絕滅這件事當成一種義務，是錯誤的；這是英國式的看法，是「約翰．史都華．密爾 (John Stuart Mill) 那個蠢蛋」的典型貨色；他對穆勒這人是懷著特別惡毒的輕蔑的。關於密爾，他說道：

「他講『對一個人說來正當的事，對另一個人說來也正當』；『你不願意旁人對你做的事，你也不要對旁人做』，說這些話使我對此人的庸俗感到憎惡。這種原則樂於把人與人的全部交道建立在相互效勞上，於是每一件行動彷彿都成了對於給我們所做的事情的現金報酬。其中的假定卑鄙到極點：認為我的行動與你的行動之間在價值上有某種相當是理所當然的。」

跟傳統美德相反的真正美德，不是為人人所有的，而始終應當是貴族少數者的特色。這種美德不是有利可圖的東西，也不是叫人謹慎；它把具備它的人與其他人隔離開；它敵視秩序，加害於劣等人。高等人必須對庶民開戰，抵制時代的民主傾向，因為四面八方都是些庸碌之輩攜手，圖謀當主人。「一切縱容、軟化、和把『民眾』或『婦女』舉在前面的事情，都對普選制——也就是『劣』民統治——起有利的作用。」引人入邪道的是盧梭，因為他把女人說得很有趣；其次是哈里特·比徹·斯托（Harriet Elizabeth Beecher Stowe）和奴隸們；其次是為工人和窮人而戰的社會主義者。所有這些人都應當加以抵制。

尼采的倫理思想通常不是任何意義的自我放縱的倫理思想；他信仰斯巴達式的紀律，為了重大目標既有加給人痛苦的能力也有忍受痛苦的度量。他讚賞意志的力量甚於一切。他說：「我按照一個意志所能做出的抵抗的量和它所能忍受的痛苦與折磨的量來檢驗它的力量，並且我懂得如何對它因勢利導。我不用斥責的手指著生存的罪惡和痛苦，反而懷著希望但願有一天生活會變得比向來更罪惡、更充滿苦痛。」他認為同情心是一種必須抵制的弱點。「目標是要達到那種龐大的偉大性的能力：能透過紀律而且也透過消滅千百萬個粗製濫造者來塑造未來的人，然而卻能避免由於看見因此而造成的、以前從未見過類似的苦難而趨向崩潰。」他帶著某種狂喜預言將要有一個大戰時代；我們不知道假使他活到了目睹他的預言實現，他是不是快樂。

不過，他並不是國家崇拜者；絕不是那種人。他是一個熱烈的個人主義者，是一個信仰英雄的人。他說，整個一個民族的不幸還不如一個偉大個人的苦難重要：「所有這些小民的災難，除了在強有力者的感情中以外，並不在一起構成一個總和。」

尼采不是國家主義者，對德國不表現過分讚賞。他希望有一個國際性的統治種族，要他們來做全世界的主人：「一個以最嚴酷的自我訓練為基礎的龐大的新貴族社會，在那裡面有哲學思想的強權人物和有藝術才能的專制君主的意志要給千秋萬年打下印記。」

他也不是明確地抱有反猶太主義的人，不過他認為德國容納著那麼多的猶太人，再多便不能同化，所以不可允許猶太人繼續內流。他討厭《新約》，卻不討厭《舊約》，他用最高的讚美詞句來談《舊約》。為尼采說句公道話，我們必須強調，和他的一般倫理觀點有某種關聯的許多近代發展，與他明白表示的意見是相反的。

他的倫理思想的兩點運用值得注意：第一是他對婦女的輕蔑；第二是他對基督教的無情批判。

他永遠不厭其煩地痛罵婦女。在他的擬預言體的著作《查拉圖斯特拉如是說》（*Thus Spake Zarathustra*）裡，他說婦女現在還不能談友誼；她們仍舊是貓，或是鳥，或者大不了是母牛。「男人應當訓練來戰爭，女人應當訓練來供戰士娛樂。其餘一概是愚蠢。」如果我們可以信賴在這個問題上他的最有力的警句：「你去女人那裡嗎？別忘了你的鞭子」，就知道戰士的娛樂必是與眾不同的一種娛樂。

他對婦女雖然總是同樣地輕蔑，卻並不總是這麼凶猛。在《權力意志》（*Will to Power*）裡他說：「我們對女人感到樂趣，像是對一種或許比較優美、比較嬌弱、比較靈妙的動物感到樂趣一樣。和那些心裡只有跳舞、廢話、華麗服飾的動物相會是多麼大的樂事！她們向來總是每一個緊張而深沉的男性靈魂的快樂。」不過，就連這些美好的素養也只有當女人被有丈夫氣概的男人管束得老老實實的時候，在她們身上才找得到；她們只要一得到任何獨立地位，就不可容忍了。「女人有那麼多可羞恥的理由；女人是那麼迂闊、淺薄、村夫子氣、瑣屑的驕矜、放肆不馴、隱蔽的輕率……迄今實在是因為對男人的恐懼才把這些約束和控制得極好。」他在《善惡的彼岸》中這樣講，在那裡他並且又說，我們應當像東方人那樣把婦女看成財產。他對婦女的謾罵全部是當作自明的真理提出來的，既沒有歷史上的證據也沒有他個人經驗中的證據以為支持；關於婦女方面，他個人的經驗幾乎只限於他的妹妹。

尼采對基督教的異議是它使人接受了他所說的「奴隸道德」。把他的議論和法國大革命之前法國 philosophes（哲人們）的議論對照起來觀察是很妙的。法國的 philosophes 主張基督教教義是不真實的；基督教教導人服從人所認為的神的意志，然而有自尊心的人卻不應當向任何高級的權能低頭；基督教會已經成了暴君的同盟者，正在幫助民主政治的仇敵否定自由，不停地絞榨窮人的膏血。尼采並不關心基督教或其他任何宗教在形而上學上是否真實；他深信沒有一種宗教實際是真理，所以他完全從宗教的社會效果來評價一切宗教。他和 philosophes 意見一致，也反對服從假想的神意志，但是他卻要拿現世的「有藝術才能的專制君」的意志代替神的意志。除這種超人外，服從是正當的，然而服從基督教的神卻不正當。關於基督教會是暴君的同盟者和民主政治的仇敵，他說這恰恰是真相的反面。據他講，法國大革命及社會主義從精神上講和基督教根本是同一的，這些他同樣都反對，理由也相同：即不管在任何方面他都不想把所有人當作平等的對待。

他說佛教和基督教都否定一個人和另一個人之間有任何根本的價值差別，從這個意義上講都是「虛無主義的」宗教；但是兩者當中佛教可非議的地方要少得多。基督教是墮落的，充滿腐朽的糞便一般的成分；它的推動力就在於粗製濫造者的反抗。這種反抗是猶太人開頭的，由不講誠實的聖保羅那樣的「神聖的癲癇患者」帶進基督教裡。「《新約》是十分卑鄙的一類人的福音。」基督教信仰是古今最要命的、最魅惑人的謊話。從來就沒有一個知名人物和基督教的理想相像；例如，想一想普魯塔克的《名人傳》裡的英雄們吧。基督教所以應該受到譴責，是因為它否定「自豪、有距離的哀愁、偉大的責任、意氣昂揚、光輝的獸性、戰爭和征服的本能、熾情的神化、復仇、憤怒、酒色、冒險、知識」的價值。這一切都是好的，卻都被基督教說成壞的——尼采這樣主張。

他講，基督教的目的是要馴化人心，然而這是錯誤的。野獸自有某種光彩，把它一馴服就失掉了。杜斯妥也夫斯基所結交的罪犯們比他好，因為他們比較有自尊心。尼采非常厭惡悔改和贖罪，他把這兩件事稱作 folie circulaire（循環的蠢事）。我們很難擺脫開關於人類行為的這種想法：「我們是兩千年來的活剖良心和自釘十字架的繼承人。」有一段關於巴斯卡爾的很有動人力量的文字值得引用，因為這段文字把尼采反對基督教的理由表現得最好不過：

「在基督教中我們反對的是什麼東西呢？反對的是它存心要毀掉強者，要挫折他們的銳氣，要利用他們的疲憊虛弱的時刻，要把他們的自豪的信心轉化成焦慮和良心苦惱；反對的是它懂得怎樣毒化最高貴的本能，使它染上病症，一直到它的力量、它的權力意志轉而向內反對它自己——一直到強者由於過度的自卑和自我犧牲而死亡：那種讓人不寒而慄的死法，巴斯卡爾就是最著名的實例。」

尼采希望看到他所謂的「高貴」人代替基督教聖徒的地位，但是「高貴」人絕不是普遍類型的人，而是一個有統治權的貴族。「高貴」人會作出殘忍的事情，有時也會作出庸俗眼光認為是犯罪的事；他只對和自己平等的人才會承認義務。他會保護藝術家、詩人以及一切可巧精通某種技藝的人，但他是以自己屬於比那種只懂得做點事的人要高的階級中一員的資格來保護這些人的。從戰士們的榜樣，他會學會把死和他正在奮鬥維護的主義連在一起；學會犧牲多數人，對待他的事業嚴肅到不饒人；學會實行嚴酷的紀律；學會在戰爭中施展暴虐和狡猾。他會認識到殘忍在貴族優越性裡所起的作用：「幾乎我們稱作『高等教養』的一切東西，都以殘忍性的崇高化和強化為基礎。」「高貴」人本質上是權力意志的化身。

對尼采的學說我們應該抱什麼看法呢？這種學說有多大真實性呢？有幾分用處嗎？裡面有點什麼客觀東西嗎？它僅僅是一個病人的權力幻想嗎？

不可否認，尼采雖然向來沒在專門哲學家中間、卻在有文學和藝術修養的人們中間發揮了很大影響。也必須承認，他關於未來的種種預言至今證實比自由主義者或社會主義者的預言要接近正確。假如他的思想只是一種疾病的症候，這疾病在現代世界裡一定流行得很。

然而他還是有許多東西僅僅是自大狂，一定不要理它。談起史賓諾沙(Benedictus de Spinoza)，他說：「一個多病隱者的這種偽裝暴露出多少個人怯懦和脆弱！」完全同樣的話也可以用來說他自己，既然他毫不猶豫地這樣說了斯賓諾莎，用來說他更不勉強。很明顯，他在自己的白日夢裡不是教授而是戰士；他所景仰的人全都是軍人。他對婦女的評價，和每一個男人的評價一樣，是他自己對婦女的情感的客觀化，這在他顯然是一種恐懼情感。「別忘了你的鞭子」——但是十個婦女有九個要除掉他的鞭子，他知道這點，所以他躲開了婦女，而用冷言惡語來撫慰他的受創傷的虛榮心。

尼采譴責基督徒的愛，因為他認為這種愛是恐懼的結果：我害怕他人會傷害我，所以我使他確信我是愛他的。假使我堅強一些、大膽一些，我就會公然表示我對他當然要感到的輕蔑。一個人真誠地抱著普遍的愛，這在尼采看來是不可能的，顯然是因為他自己懷有幾乎普遍的憎恨和恐懼，他喜歡把這種憎恨和恐懼裝扮成老爺式的冷淡態度。他的「高貴」人——即白日夢裡的他自己——是一個完全缺乏同情心的人，無情、狡猾、殘忍、只關心自己的權力。李爾王在臨發瘋的時候說：

我定要做那種事——
是什麼我還不知道——
但是它將成為全世界的恐怖。

這是尼采哲學的縮影。

尼采從來沒有想到，他賦予他的超人的那種權力欲本身就是恐懼的結果。不怕他人的人不認為有壓制他人的必要。征服了恐懼的人們沒有尼采所謂的「有藝術才能的專制君主」那種尼祿王的瘋狂性質，那種尼祿王盡力要享受音樂和大屠殺，而他們的內心卻充滿著對不可避免的宮廷政變的恐怖。我倒不否認，現實世界已經和尼采的夢魘非常相似了，這一部分也是他的學說的結果；但是這絲毫沒有使那夢魘的恐怖性有所減輕。

必須承認，也有某類的基督教倫理，尼采的嚴厲批評對它可以用得上而公正合理。巴斯卡爾和杜斯妥也夫斯基——用尼采自己舉的實例——在品德上都有某種卑劣的地方。巴斯卡爾為他的神犧牲了自己堂堂的數學才智，於是歸給神一種野蠻殘暴，那就是巴斯卡爾的病態精神痛苦的無限擴張。杜斯妥也夫斯基和「正當的自豪」是無緣的，他要犯罪，為的是來悔改和享受懺悔的快樂。我不想討論這樣的越軌行為有幾分可以公正地歸罪於基督教的問題，但是我要承認我和尼采有同感，認為杜斯妥也夫斯基的意氣消沉是可鄙的。我也覺得，某種高潔和自豪，甚至某類的自以為是，都是最優良的品格中的要素；根源在於恐懼的美德沒一件是大可讚賞的。

聖賢有兩種：生來的聖賢和出於恐懼的聖賢。生來的聖賢對人類有一種自發的愛；他行好事是因為行好事使他幸福。反之，出於恐懼的聖賢像只因為有警察才不偷竊的人一樣，假使沒有地獄的火或他人的報復的想法約束著他就會作惡。尼采只能想像第二種聖賢；由於他心中充滿恐懼和憎恨，所以對人類自發的愛在他看來是不可能有的。他從來沒有設想過有一種人，雖然具有超人的大無畏和倔強的自尊心，還是不加給人痛苦，因為他沒有這樣做的願望。有誰會認為林肯採取他那種做法是由於害怕地獄嗎？然而在尼采看來林肯是下賤的，拿破崙大大了不起。

還需要考察一下尼采所提出的主要倫理問題，即：我們的倫理應當是貴族式的呢？或者在某種意義上應當把一切人同樣看待呢？這個問題照我剛才這樣的提法，是一個意義不很明瞭的問題，所以顯然第一步是要把問題說得明確一些。

我們首先務必把貴族式的倫理和貴族式的政治理論區別開。信奉邊沁（Jeremy Bentham）的最大多數人的最大幸福原則的人抱有民主的倫理思想，但是他也許認為貴族式的政體最能促進一般人的幸福。這不是尼采的見解。他認為平常人的幸福並不是善本身的一部分。本身就是善的或是惡的事情全都只存在於少數優越者方面；其餘人遭遇的事是無足輕重的。

以下的問題是：少數優越者怎樣下定義？實際上，這種人向來通常是戰勝的氏族或世襲貴族，而貴族至少從理論上講向來通常是戰勝的氏族的後裔。我想尼采是會接受這個定義的。「沒有好的出身就不可能有道德」，他這樣告訴我們。他說貴族階級最初總是野蠻人，但是人類的每一步向上都起因於貴族社會。

不清楚尼采把貴族的優越性看成先天的還是教育和環境造成的。如果是後者，那麼把其他人排除在照假定說來他們同樣有資格具備的有利條件之外，很難有道理可講。所以我假定他認為戰勝的貴族及其後裔比受他們統治的人在生物學上優越，就像人比家畜優越一樣，不過程度較差罷了。

「在生物學上優越」要指什麼意思呢？在解釋尼采時，意思是指屬於優越氏族的個人及其後裔在尼采講的「高貴」的意義上更有可能是「高貴」的：他們會有較多的意志力量、較多的勇氣、較多的權力衝動、較少的同情心、較少的恐懼、較少的溫柔。

我們現在可以敘述一下尼采的倫理。我想以下的話是對他的倫理的公正剖析。戰爭的勝利者及其後裔通常比敗北者在生物學上優越。所以由他們掌握全權、完全為他們自己的利益去處理事務是要得的。

這裡還有「要得的」一詞需要考慮。在尼采的哲學裡什麼是「要得的」呢？從旁觀者的觀點看來，尼采所謂的「要得的」東西就是尼采想要的東西。有了這個解釋，尼采的學說不妨更乾脆、更老實地用以下一句話來敘述：「我假若是生活在伯里克里斯時代的雅典或麥地奇時代的佛羅倫斯才好。」但是這不叫一種哲學；這是關於某個人的傳記事實。「要得的」一詞和「我想要的」並不是同義語；這個詞要求某種普遍的立法定規，不管這要求多麼不明確。有神論者可能說，要得的東西就是神想要的東西，但是尼采不會講這話。他本來可以說他憑倫理的直觀知道什麼是善，可是他不要這樣講，因為這話康德語氣太重。把「要得的」一詞加以推廣，他所能講的是這些話：「假如大家讀我的著作，有一定百分數的人關於社會組織問題就會和我有同樣的願望；這些人在我的哲學會給予他們的精力和決心的激勵下，能夠保全和復興貴族社會，由他們自己作貴族或（像我一樣）作貴族的阿諛者。這樣他們就會得到比身為人民的僕從能夠有的生活更充實的生活。」

尼采思想裡還有一個成分，和「徹底個人主義者」極力主張的反對工會的理由非常相近。在所有人對所有人的抗爭中，勝利者可能具有尼采讚賞的某些品格，例如勇氣、多謀和意志的力量。但是，如果不具備這些貴族品格的人們（他們是絕大多數）團結一致，他們儘管各個人是低劣的也可能得勝。在這場 **canaille**（愚民）集體對貴族的抗爭中，就像法國大革命曾經是戰鬥的前線，基督教是意識形態的前線。因此我們應該反對個體軟弱者之間的一切聯合，唯恐他們的集合力量會壓倒個體強者的集合力量；另一方面，我們應該促進人口當中強韌而雄健的分子之間的聯合。創始這種聯合的第一個步驟就是宣揚尼采哲學。可見要保留倫理學和政治學的區別不是一件容易事。

假如我們想——我確實想——找到一些反駁尼采的倫理學和政治學的理由，究竟能找到什麼理由呢？

有一些有力的實際理由，說明如果打算達到他講的目標，實際上會達到完全不同的情況。門閥式的貴族現在已經聲名掃地了；唯一行得通的貴族社會形式就是像法西斯黨或納粹黨那樣的組織。那樣的組織激起人們的反對，在戰爭中可能是要被打敗的；但是它假如沒有被打敗，不久以後必定成為一個十足的警察國家，國家裡的統治者們生活在暗殺的恐怖中，英雄人物都進了集中營。在這種社會裡，信義廉恥被告密破壞一光，自封的超人貴族階級蛻化成一個戰戰兢兢的懦夫的集團。

不過，這些只是現代講的道理；在貴族政治不成為問題的過去時代，這些道理就不會是適用的。埃及的政府照尼采式的原則管理了幾千年。直到美國獨立和法國大革命為止，幾乎所有的大國的政府都是貴族政府。因此，我們必須問問自己，我們不喜歡一種有這樣悠久的成功歷史的政體而喜歡民主制，有沒有什麼充實理由；或者，因為我們談的不是政治而是哲學，更不如問排斥尼采藉以維護貴族政治的那種倫理，有沒有客觀根據。

和政治問題相對而言的倫理問題，是一個關於同情心的問題。按別人的痛苦使自己不樂這種意義來講，同情心多少總是人天然固有的；幼小的孩子聽見旁邊的孩子哭自己也苦惱。但是這種感情的發展在不同的人大不相同。有些人以加諸別人苦楚為樂；也有些人，就像如來佛，感覺只要還有任何生靈在受苦，他們就不可能完全快樂。大多數人在感情上把人劃分成敵和友，對後者抱同情，對前者不抱同情。像基督教或佛教的倫理那樣的倫理，其感情基礎是在普遍同情上；尼采的倫理，是在完全沒有同情上。（他常常宣揚反對同情的論調，在這方面我們覺得他不難遵守自己的訓條）問題是：假使如來佛和尼采當面對質，任何一方能不能提出來什麼該打動公平聽者的心的議論呢？我所指的並不是政治議論。我們可以想像他們像在《約伯記》第一章裡那樣，出現在全能者面前，就神應當創造哪一種世界提出意見。兩人各會說些什麼呢？

如來佛會開始議論，說到漢生病患者被擯棄在社會之外，悲慘可憐；窮人們，憑疼痛的四肢勞苦奔波，靠貧乏的食物僅僅維持活命；交戰中的傷員，在纏綿的痛苦中死去；孤兒們，受到殘酷的監護人的虐待；甚至最得志的人也常常被失意和死的想法纏住心。他會說，必須找出一條超脫所有這些悲哀負擔的道路，而超脫只有透過愛才能夠達到。

尼采這個人只有全能的神才能夠制止他半途插話，當輪到他講的時候，他會突然叫道：「我的天哪，老兄！你必須學得性格堅強些。為什麼因為微小的人受苦而哭哭啼啼呢？或者，因為偉大人物受苦而你這樣做呢？微小的人受苦也受得微小，偉大人物受苦也受得偉大，而偉大的痛苦是不該惋惜的，因為這種痛苦是高貴的。你的理想是個純粹消極的理想——沒有痛苦，那只有靠非存在才能完全達到。相反，我抱著積極的理想：我欽佩阿爾西比亞德斯（Alcibiades）、弗里德里希二世皇帝和拿破崙。為了這樣的人，遭什麼不幸都值得。主啊，我向你呼籲，你這位最偉大的創造藝術家可不要讓你的藝術衝動被這個不幸的精神病人的墮落的、恐怖籠罩下的順口嘮叨抑制住。」

如來佛在極樂世界的宮廷裡學習了自他死後的全部歷史，並且精通了科學，以有這種知識為樂，可是為人類對這種知識的使用法感覺難過；他用冷靜的和藹態度回答：「尼采教授，您認為我的理想是純粹消極的理想，這是您弄錯了。當然，它包含著一種消極成分，就是沒有痛苦；但是它此外也有積極東西，和您的學說中見得到的一樣多。雖然我並不特別景仰阿爾西比亞德斯和拿破崙，我也有我的英雄：我的後繼者耶穌，他叫人去愛自己的敵人；還有那些發現怎樣控制自然的力量、用比較少的勞力獲取食物的人；那些告訴人如何減少疾病的醫生；那些瞥見了神的至福的詩人、藝術家和音樂家們。愛和知識和對美的喜悅並不是消極；這些足夠充滿歷來最偉大的人物的一生。」尼采回答：「儘管如此，你的世界總還是枯燥無味的。你應當研究研究赫拉克利特，他的著作在天國圖書館裡完整地保存下來了。你的愛是憐憫心，那是由痛苦所勾動的；假使你老實，你的真理也是不愉快的東西，而且透過痛苦才能認識它；至於說美，有什麼比賴凶猛而發出光輝的老虎更美呢？不行，如果我主竟然決斷你的世界好，恐怕我們都會厭煩得死掉了。」

如來佛回答：「您也許這樣，因為您愛痛苦，您對生活的愛是假愛。但是真正愛生活的人在我的世界裡會感到現世界中誰也不能有的那種幸福。」

至於我，我贊同以上我所想像的如來佛。但是我不知道怎樣用數學問題或科學問題裡可以使用的那種論證來證明他意見正確。我厭惡尼采，是因為他喜歡冥想痛苦，因為他把自負升格為一種義務，因為他最欽佩的人是一些征服者，這些人的光榮就在於有叫人死掉的聰明。但是我認為反對他的哲學的根本理由，也和反對任何不愉快但內在一貫的倫理觀的根本理由一樣，不在於訴諸事實，而在於訴諸感情。尼采輕視普遍的愛，而我覺得普遍的愛是關於這個世界我所希冀的一切事物的原動力。他的門徒已經有了一段得意時期，但是我們可以希望這個時期即將迅速地趨於終了。

國家圖書館出版品預行編目資料

在陰影中向太陽奔跑：一場「非理性」的辯證，超越善惡的盲點，德國哲學家尼采思想精選集 / [德] 尼采（Friedrich Nietzsche）著 . 六六譯 . — 第一版 . — 臺北市：崧燁文化事業有限公司 , 2023.08

面；　公分

POD 版

譯自 : Run to the sun in the shadows

ISBN 978-626-357-507-3(平裝)

1.CST: 尼采 (Nietzsche, Friedrich Wilhelm, 1844-1900) 2.CST: 學術思想 3.CST: 文集

147.66　　112010548

在陰影中向太陽奔跑：一場「非理性」的辯證，超越善惡的盲點，德國哲學家尼采思想精選集

作　　者：[德] 尼采（Friedrich Nietzsche）

翻　　譯：六六

發 行 人：黃振庭

出 版 者：崧燁文化事業有限公司

發 行 者：崧燁文化事業有限公司

E-mail：sonbookservice@gmail.com

粉 絲 頁：https://www.facebook.com/sonbookss/

網　　址：https://sonbook.net/

地　　址：台北市中正區重慶南路一段六十一號八樓 815 室

Rm. 815, 8F., No.61, Sec. 1, Chongqing S. Rd., Zhongzheng Dist., Taipei City 100, Taiwan

電　　話：(02) 2370-3310　　　　**傳　　真**：(02) 2388-1990

印　　刷：京峯數位服務有限公司

律師顧問：廣華律師事務所 張珮琦律師

定　　價：299 元

發行日期：2023 年 08 月第一版

◎本書以 POD 印製

Design Assets from Freepik.com